# UNA FE MÁS PERFECTA

**Libros de A. W. Tozer publicados por Portavoz:**

*Adoración: La razón por la que fuimos creados*

*El Consejero: Una conversación franca sobre el Espíritu Santo*

*Cultura: La vida en este mundo como ciudadanos del cielo*

*Deléitate en Dios*

*Diseñados para adorar*

*Este mundo: ¿campo de recreo o campo de batalla?*

*Fe auténtica*

*Una fe incómoda*

*Una fe más perfecta*

*Fe más allá de la razón*

*Jesús: La vida y el ministerio de Dios Hijo*

*Lo mejor de A. W. Tozer, Libro uno*

*Lo mejor de A. W. Tozer, Libro dos*

*Oración: Comunión con Dios en todo*

*Los peligros de la fe superficial*

*El poder de Dios para tu vida*

*¡Prepárate para el regreso de Jesús!*

*La presencia de Dios en tu vida*

*La verdadera vida cristiana*

*Y Él habitó entre nosotros*

# UNA FE MÁS PERFECTA

*4 etapas en tu búsqueda de Dios*

A.W. TOZER

*Compilado por* PHIL SHAPPARD

La misión de *Editorial Portavoz* consiste en desarrollar y distribuir productos de calidad —con integridad y excelencia—, desde una perspectiva bíblica y confiable, que animen a las personas a conocer y servir a Jesucristo.

Publicado originalmente en Estados Unidos por Moody Publishers, 820 N. LaSalle Blvd., Chicago, IL 60610 con el título *Toward a More Perfect Faith*,


Traducción: Ricardo Acosta



Las cursivas en los versículos bíblicos son énfasis del autor.

EDITORIAL PORTAVOZ
2450 Oak Industrial Drive NE
Grand Rapids, Michigan 49505 USA
Visítenos en: www.portavoz.com

ISBN 978-0-8254-5084-6 (rústica)
ISBN 978-0-8254-6359-4 (Kindle)
ISBN 978-0-8254-6360-0 (epub)

1 2 3 4 5 edición / año 33 32 31 30 29 28 27 26 25 24

*Impreso en los Estados Unidos de América*
*Printed in the United States of America*

# CONTENIDO

# INTRODUCCIÓN

La literatura devocional tiene una historia profunda y extensa con más de trescientos años de antigüedad. En ella experimentamos los pensamientos reales de personas que tienen en común su devoción a Dios. Esto incluso puede llevarte a pensar en un joven pastor que adora a su Creador mientras toca una lira bajo un cielo estrellado mientras vigila las ovejas de su familia. Sus pensamientos eran una sencilla expresión de amor a Dios. Al igual que otros de los primeros compositores devocionales, este joven tenía pocas expectativas de que sus palabras se propagarían más allá de sus propios entornos, por no hablar de su propia vida.

Estos podrían haber sido los pensamientos de un hombre de Dios llamado Aiden Wilson Tozer, cuyo ministerio pastoral se extendió desde principios hasta mediados del siglo XX. Tozer no era un maestro cristiano común y corriente, como tampoco lo era su visión de lo que consideraba una vida cristiana normal. Creía que a quienes el Señor salvaba del pecado también los llamaba a vivir en victoriosa armonía o comunión con Dios. Tanto lo convencía esto que a menudo lo hartaban los maestros bíblicos que, según la opinión de Tozer, hacían demasiado hincapié en la relación judicial que tenían con Dios, excluyendo con frecuencia la enseñanza de la vida cristiana abundante que veía claramente revelada a lo largo de las Escrituras.

A modo de ejemplo, frecuentemente denunció los peligros del externalismo, o lo que denominó *vivir en la periferia*, confiando solo en adoptar las palabras correctas. Tozer rastreó los inicios de este problema hasta el antiguo Israel cuando «se produjo un cambio lento desde el centro con Dios hacia el perímetro, desde el corazón palpitante hasta la epidermis, hasta el tejido externo de las cosas». Él comprendía la propensión del cristiano promedio por vivir en la superficie y declaró: «Por la fuerza centrífuga, los hombres siempre tienden a volar hacia el borde exterior de las cosas, y Dios siempre por medio de sus profetas ha instado a los hombres a regresar al centro».

A. W. Tozer describió la dependencia del externalismo en palabras, ceremonias y formas. Por otra parte, el *internalismo*, es decir, la atención al crecimiento espiritual personal, reside en el contenido, en amor, en adoración y en realidad espiritual interior. Según Tozer, Dios desea que los seres humanos tengan contenido, pero siempre buscan satisfacerse con palabras.

Por eso Tozer creía que Dios envió profetas, visionarios y reformadores, con quienes a menudo se relacionaba, a fin de reprender el externalismo. Era muy consciente de que esta posición no lo hacía popular. Sin embargo, su intenso amor a Dios no le dejaba otra opción que exponer esta forma de fundamentalismo que erróneamente hace de las Escrituras un fin en sí mismas, mientras que la verdadera intención de la Biblia es dirigir a los cristianos hacia el Autor del texto: Dios Todopoderoso.

Completamente autodidacta después de sus años escolares, A. W. Tozer desarrolló un apetito voraz por leer y aprender. Los libros de la biblioteca lo transportaron a los pies de muchos de los más grandes escritores sagrados y seculares. Su base común de conocimiento estaba tan impregnada de literatura, poesía e himnos antiguos que, en cierta ocasión, comentó que la única materia en que se sentía un poco débil eran las matemáticas aplicadas.

Aunque el señor Tozer no pastoreó una megaiglesia, constantemente lo solicitaban como conferenciante por todos los Estados Unidos. La mejor descripción de su estilo de predicación la declaró uno de sus antiguos pastores asociados, Edward Maxey: era como su escritura; poseía una cualidad poética. Sus ilustraciones solían ser sencillas y hogareñas, provenientes en su mayoría de la vida rural y la naturaleza, pero siempre señalaban la singularidad de las verdades que se encuentran en las Escrituras.

*Una fe más perfecta* sigue el mismo estilo del primer libro devocional de Tozer, *La búsqueda de Dios* (1948), en que busca revelar a la persona de Dios y los intentos humanos por conocerlo, simplemente porque es posible encontrarlo. Así como los padres de la ciencia moderna intentaron descubrir las leyes físicas naturales solo debido a su fe inquebrantable en un Dios que creó un universo ordenado, Tozer creía que este mismo Creador hizo a su imagen únicamente a los seres humanos para que se convirtieran en adoradores ya que Él era un Dios a quien no solo se le podía encontrar, sino también conocer.

El principio fundamental de *Una fe más perfecta* es la comprensión de que la mayoría de los seguidores de Cristo llevan vidas cristianas deficientes y se les debe recordar que su profesión de fe en Cristo no es un fin en sí misma. Tozer predicó a menudo acerca de que la fe, una vez liberada, no solo debía aceptarse, sino que en realidad era el punto de partida para una vida de crecimiento gradual en adoración consumada. A. W. Tozer creía que este viaje nos conducirá por varias etapas de crecimiento espiritual, como describe el apóstol Pablo en el tercer capítulo de su carta a la iglesia en Filipos. El señor Tozer entrelaza y relaciona creativamente a sus lectores a la enseñanza de Pablo con las palabras del escritor anónimo del clásico devocional del siglo XIV, *La nube del no saber*.

Más que una recopilación de ideas sobre crecimiento espiritual, *Una fe más perfecta* es la transcripción de texto tomado de una serie de doce sermones dominicales nocturnos consecutivos que A. W. Tozer predicó desde su púlpito de Chicago entre enero y marzo de 1957. Aunque editados para alcanzar una audiencia de lectores, se ha tenido mucho cuidado en preservar las ideas reales de Tozer, permitiendo que la integridad y fidelidad de lo que realmente dijo permanezca firmemente intacto. A medida que leas este libro, prepárate para descubrir nuevas perspectivas a fin de que también puedas convertirte en un cristiano completo o, como se le ha llamado, un cristiano perfecto.

PHIL SHAPPARD,
recopilador

A FIN DE CONOCERLE, Y EL PODER DE SU RESURRECCIÓN, Y LA PARTICIPACIÓN DE SUS PADECIMIENTOS, LLEGANDO A SER SEMEJANTE A ÉL EN SU MUERTE.

—FILIPENSES 3:10

# «UNIDOS» CON DIOS

En Filipenses 3:7-15 encontramos uno de los testimonios bíblicos más citados de un hombre que busca desesperadamente a Dios. Sin embargo, al leer este pasaje descubrirás lo que parece una serie de marcadas contradicciones en los escritos de este varón conocido como el apóstol Pablo. Es decir, solo parecen contradicciones. En realidad, hay mucho en las enseñanzas de Jesús que parece contradictorio. Esto también puede decirse de los escritos de los antiguos santos y de sus canciones y sus himnos. Pero no hay contradicción... solo pareciera haberla.

En el pasaje de Filipenses 3, el apóstol Pablo nos dice que aún no somos perfectos, pero luego declara: «Así que, todos los que somos perfectos, esto mismo sintamos» (v. 15). Este anhelo de perfección constituye el ánimo y la condición de la Ley, los Salmos, los Profetas y el Nuevo Testamento. También representa el temperamento de todas las almas superiores que han vivido. Esas almas superiores son las que han escrito nuestros grandes libros devocionales y han compuesto nuestros himnos más sublimes. Nosotros, los indignos descendientes espirituales de estos grandes padres, a menudo entonamos tales himnos, pero difícilmente sabemos lo que estamos cantando.

Me encantaría que una de estas grandes almas nos hablara a veces en este estudio. No para agregar ni quitar nada de las Escrituras, sino para ilustrarlas, enseñarlas y exponerlas devocionalmente. Me refiero al libro *La nube del no saber*, que un autor inglés escribiera anónimamente hace seiscientos años. El escritor afirma que el propósito de su obra es ayudar a los hijos de Dios a crecer espiritualmente y así llegar a estar, como lo denomina, «unidos» con Dios. El libro se escribió en inglés preisabelino y es doscientos años más antiguo que Shakespeare, ofreciéndonos un lenguaje bastante pintoresco. Existen traducciones más recientes con lenguaje modernizado, pero prefiero el texto original. El antiguo escritor cuyo anhelo es que los cristianos empiecen a estar «unidos» con Dios hizo una corta oración que me gustaría explicar.

Al principio de este librito devocional, el antiguo santo ora: «Oh Dios, a quien todos los corazones están abiertos». Observemos que, en su oración, el autor afirma que delante de Dios todos los corazones están abiertos. Es decir, Dios puede ver dentro de ti, aunque cierres tu corazón con una llave y la deseches. Él podría seguir viendo tu corazón como si este estuviera abierto de par en par. El escritor sigue diciendo: «Para quien todo deseo es elocuente». Esta es una las doctrinas de la Biblia de las que hoy día no se escucha mucho, pero que se resalta con gran fuerza en *La nube del no saber:* que el anhelo del corazón de un hombre es la oración.

«La oración es el deseo sincero del alma, expresado o no», escribió James Montgomery siglos después, aunque supongo que no tomó prestada la idea de los escritos que estamos viendo, considerando que tal vez nunca oyó hablar de ellos. Pero «todo deseo es elocuente». En otras palabras, lo que deseas en tu corazón es elocuente y Dios escucha tus deseos, lo que decides hacer, lo que planeas en tu corazón. *Como en forma inconsciente,* añade: «Ante quien nada secreto está oculto». Es decir, ningún secreto está oculto ante Dios.

**Dios puede ver dentro de ti, aunque cierres tu corazón con una llave y la deseches... ningún secreto está oculto ante Dios.**

El escritor anónimo sigue indicando: «Purifica los pensamientos de mi corazón, y derrama tu Espíritu, para que yo pueda amarte con amor perfecto y alabarte como tú mereces». A algunos les preocupará que este escrito use la palabra *perfecto* como si promocionara la perfección espiritual. Me gustaría contrarrestar rápidamente esa pregunta con otra. ¿Hay algo malo en la oración del veterano santo? ¿Se puede encontrar algún error teológico en esta oración: «Oh Dios, purifica los pensamientos de mi corazón, y derrama tu Espíritu, para que yo pueda amarte con amor perfecto y alabarte como tú mereces»? Si esto te parece extremo y fanático, yo cuestionaría tu comprensión de la salvación total que Dios te ofreció a través de Jesucristo, porque el verdadero hijo de Dios diría un «amén» a este anhelo de amar perfectamente y alabar dignamente a Dios.

El escritor sigue diciendo que hay cuatro grados o etapas de crecimiento en la vida cristiana, cuyos nombres son: *común, especial, singular* y *perfecta.* Estas son las cuatro etapas. ¡Qué evangelista habría sido este santo! Si hubiera venido seiscientos años después habría declarado: «Así es como veo que son los cristianos».

La primera etapa o forma es el cristiano *común;* Dios sabe la multitud que somos. Luego está el cristiano *especial,* aquel que ha avanzado un poco, seguido en tercer lugar por el cristiano *singular*. La última etapa que enumera es el cristiano *perfecto*. Luego explica con mucho cuidado que las tres primeras formas (común, especial y singular) pueden comenzar y terminar en esta vida. No obstante, la cuarta etapa «puede ciertamente comenzar en la Tierra, pero continuará sin fin en la eternidad».

Me gustaría aclarar que ni el escritor de *La nube del no saber* ni yo somos perfeccionistas hasta el punto de andar por ahí con una benigna sonrisa de San Francisco diciendo que somos perfectos. Sin embargo, siempre encontraremos un lugar para avanzar hacia una madurez espiritual más profunda, pero ambos sostenemos la creencia de que al menos podemos comenzar a recorrer el sendero de la perfección o plenitud espiritual.

Junto con esta explicación inicial me gustaría brindar un postulado, es decir, algo que se da por sentado y que proporciona una base sobre la cual avanzar. Mi postulado es la creencia de que la mayoría de los cristianos modernos viven por debajo de sí mismos y llevan vidas subcristianas. No demuestran ser personas gozosas porque no son santas. No son personas santas porque no están llenas del Espíritu Santo. No están llenas del Espíritu Santo porque no son personas apartadas. El Espíritu no puede llenar a quien no puede apartar. A quien no puede llenar, no puede santificar; y a quien no puede santificar, no puede hacer feliz.

Dicho de otra manera, aunque el cristiano moderno ha nacido de nuevo al haber aceptado a Cristo, muchas veces no tiene gozo por no ser santo. Y no es santo por no estar lleno del Espíritu Santo, el único Espíritu Santo que existe. No está lleno del Espíritu Santo porque no se ha separado del mundo. Dios no puede llenar lo que no puede separar, y no puede santificar lo que no puede llenar. No puede llenar de gozo lo que no puede santificar.

Además, mi postulado incluye esto: el cristiano moderno no es semejante a Cristo; es decir, no está «unido» con Cristo. La prueba de esto radica en los defectos de carácter que se encuentran hoy día entre los hijos de Dios. Si yo no tuviera una visión profética para ver a través de los años igual que los profetas en Hebreos 11, que durmieron sin haber visto el cumplimiento de la promesa, me habría desanimado profundamente. La realidad es que he predicado durante años a algunas personas que aún tienen defectos de carácter. Además de eso, presentan debilidades morales, derrotas frecuentes y entendimiento embotado. Viven fuera de la voluntad de Dios y, en gran medida, por debajo de las Escrituras. Ese es mi postulado y la razón para este estudio.

**Aunque el cristiano moderno ha nacido de nuevo al haber aceptado a Cristo, muchas veces no tiene gozo por no ser santo.**

Esta condición deficiente no es muy extraña en la Biblia. Recordemos lo que se escribió acerca de Israel, el pueblo de Dios, en el Antiguo Testamento y que a menudo se repite en el Nuevo. Aunque los hijos de Israel serían tan numerosos como la arena del mar, solo un remanente se salvaría. Así declara el escritor de Hebreos en el capítulo cinco:

> Acerca de esto tenemos mucho que decir, y difícil de explicar, por cuanto os habéis hecho tardos para oír. Porque debiendo ser ya maestros, después de tanto tiempo, tenéis necesidad de que se os vuelva a enseñar cuáles son los primeros rudimentos de las palabras de Dios; y habéis llegado a ser tales que tenéis necesidad de leche, y no de alimento sólido. Y todo

> aquel que participa de la leche es inexperto en la palabra de justicia, porque es niño; pero el alimento sólido es para los que han alcanzado madurez, para los que por el uso tienen los sentidos ejercitados en el discernimiento del bien y del mal (He. 5:11-14).

Ese es solo el comienzo, porque el escritor sigue afirmando:

> Por tanto, dejando ya los rudimentos de la doctrina de Cristo, vamos adelante a la perfección; no echando otra vez el fundamento del arrepentimiento de obras muertas, de la fe en Dios, de la doctrina de bautismos, de la imposición de manos, de la resurrección de los muertos y del juicio eterno. Y esto haremos, si Dios en verdad lo permite (He. 6:1-3).

Nuestro Señor también advirtió que el amor de muchos se enfriaría, porque en las siete cartas a las iglesias que se encuentran en Apocalipsis 2–3 se exponen delante de nosotros ciertas condiciones. Estas son iglesias que funcionan como iglesias, pero que han perdido su primer amor y son frías, y presentan muchos problemas espirituales. Por tanto, he basado la necesidad de este estudio en la comprensión de que la mayoría de los cristianos modernos llevan vidas subcristianas. A menos que concuerdes con mi postulado, esto podría ser una pérdida del tiempo de cada uno y un esfuerzo fallido de mi parte.

Este estudio me ha representado una enorme cantidad de capacidad intelectual, energía nerviosa y considerable preparación espiritual. Es uno de los asuntos más difíciles que he enfrentado, comprendiendo que esta enseñanza, al igual que el texto del apóstol Pablo en Filipenses 3, tal vez no signifique nada para algunos lectores. En Mateo 13 leemos sobre una pregunta de los discípulos y la respuesta de Jesús:

> Entonces, acercándose los discípulos, le dijeron: ¿Por qué les hablas por parábolas? Él respondiendo, les dijo: Porque a vosotros os es dado saber los misterios del reino de los cielos; mas a ellos no les es dado. Porque a cualquiera que tiene, se le dará, y tendrá más; pero al que no tiene, aun lo que tiene le será quitado. Por eso les hablo por parábolas: porque viendo no ven, y oyendo no oyen, ni entienden (Mt. 13:10-13).

Esto sugiere con toda claridad que había personas que no aceptaban la enseñanza de Jesús. Por tanto, a fin de poder hablar a los que podían oír, Jesús disfrazó un poco su enseñanza. No quiero decir que Él estuviera engañando, sino que estaba presentando su enseñanza con una especie de código espiritual para que algunos pudieran entenderla y otros no. Fue como si en realidad estuviera ocultándosela a algunos. En 1 Corintios 3, el apóstol Pablo nos dice lo mismo con otras palabras: «hermanos, no pude hablaros como a espirituales, sino como a carnales, como a niños en Cristo. Os di a beber leche, y no vianda; porque aún no erais capaces, ni sois capaces todavía, porque aún sois carnales; pues habiendo entre vosotros celos, contiendas y disensiones, ¿no sois carnales, y andáis como hombres? Porque diciendo el uno: Yo ciertamente soy de Pablo; y el otro: Yo soy de Apolos, ¿no sois carnales? ¿Qué, pues, es Pablo, y qué es Apolos? Servidores por medio de los cuales habéis creído; y eso según lo que a cada uno concedió el Señor» (1 Co. 3:1-5). Pablo debió callar ciertas verdades porque ellos no podían asimilarlas.

El escritor anónimo de *La nube del no saber* amonesta a todos aquellos en cuyas manos cayó su librito:

> En el nombre del Padre y del Hijo y del Espíritu Santo. Cualquiera que seas el que tiene en sus manos este libro, has

> de saber que te impongo una seria responsabilidad y las más severas sanciones que puedan soportar los lazos del amor. No importa que este libro sea tuyo, que lo estés guardando para otro, o que lo tengas prestado. No lo habrás de leer, ni escribir o hablar de él, ni permitir que otro lo haga, a menos que creas realmente que es una persona que, por encima y más allá de las buenas obras, se ha resuelto a seguir a Cristo (en la medida de lo humanamente posible con la gracia de Dios) hasta las más íntimas profundidades de la contemplación.

Lo que él está diciendo es: No quiero que te molestes con esto a menos que hayas tomado una decisión y tengas en tu corazón el deseo verdadero, la intención y el propósito de ser un seguidor perfecto de Cristo.

**Un tacaño es el individuo que diezma, pero en cuyas manos retiene su dinero tanto como puede.**

¡Ah, amigo creyente!, ¿qué es lo que nos ha sucedido cuando juzgamos la intención de un hombre como este según nuestros intereses en esta época moderna, cuando debemos rebajar la predicación de la Palabra al nivel de los más tontos y espiritualmente torpes? ¿Por qué no predicamos a aquel que realmente tiene sed de Dios, y no al más *común* de los cristianos que apenas pone atención? Oigo que *La nube del no saber* me dice: «Tozer, por la gracia de Dios y en el poder de la Trinidad, te suplico que no prediques esto a menos que los oyentes hayan decidido en sus corazones ser seguidores perfectos o íntegros de Cristo en el punto más soberano posible de vida por gracia en esta existencia».

Cuando escucho la letra de una canción que dice: «Su sangre nos hizo dignos», algo salta en mi corazón que me hace declarar:

«Dios, esa es mi esperanza; no soy yo, sino la sangre de Cristo la que nos ha hecho dignos». Espero por la sangre de Jesús que seamos dignos de escuchar y, por la intención de nuestro corazón, de amar en forma perfecta a Dios y de alabarlo dignamente. Que por gracia lo sigamos en el punto más soberano posible en esta vida y obtengamos algo de este estudio.

El antiguo escritor sigue mencionando que rechaza a ciertas personas. Indica con claridad que hay individuos a quienes rechazaría, los que ellos mismos se descalifican como lectores potenciales. Él declara que entre los que no desea que escuchen o lean su libro están los charlatanes carnales, o sea, parlanchines o individuos que solo parlotean todo el tiempo. Tampoco quiere que sus palabras las lean aduladores y acusadores de sí mismos y de los demás. También rechaza a los murmuradores y los chismosos. Un *chismoso* es un correveidile. Dios los conoce.

El escritor afirma: «Oh Dios, a quien todos los corazones están abiertos y ante quien nada secreto está oculto... Por lo que respecta a chismosos, aduladores, escrupulosos, alcahuetes, entrometidos e hipercríticos, les ruego que aparten sus ojos de este libro lo más rápidamente posible». Un tacaño es el individuo que diezma, pero en cuyas manos retiene su dinero tanto como puede y lo pellizca. El antiguo escritor expresa: «Nunca tuve intención de escribir para ellos y prefiero que no se entrometan en este asunto. Esto vale también para los curiosos, sean o no personas cultas». También afirma que no importa que simplemente seas alguien con curiosidad en esta enseñanza de vida espiritual más profunda, o que seas ignorante o erudito. No desea que ninguna de estas personas escuche lo que el escritor anhela transmitir.

Debo contradecir a *La nube del no saber* en este punto. No estoy dispuesto a ocultar el secreto a voces del poder espiritual a aquellos que pueden tenerlo solo porque hay quienes no lo desean. No pienso ocultar el secreto a voces de la vida victoriosa a quienes pueden comprenderlo porque haya algunos presentes que no anhelan entenderlo. Jesucristo contó parábolas y disfrazó su enseñanza para que el de ojos espirituales la viera, y los demás no pudieran verla, oírla o entenderla. Así que, no tengo duda alguna de que a lo largo de este libro llegaremos a un acuerdo. Tendremos una solución y algunos estarán dispuestos a continuar con su devoción a Jesucristo. Algunos irán de etapa en etapa. Otros estarán felices de seguir siendo cristianos comunes y corrientes, de los cuales tenemos grandes cantidades en estos días. Por desdicha, el fundamentalismo ha producido hoy día una gran manada o un enorme rebaño de cristianos comunes.

Más adelante en nuestro estudio analizaremos qué significa llegar ser un cristiano especial y definiremos qué tipo de creyente es, para luego analizar qué significa ser un cristiano singular. No creas, por favor, que estoy enseñando acerca de cuatro obras de gracia. Nadie debería especular: «He oído de dos obras de gracia, e incluso algunos enseñan tres, ¡pero Tozer habla de cuatro!». No, simplemente hablo de cuatro etapas en la senda hacia la perfección o madurez espiritual. Junto con nuestra enseñanza fundamental en Filipenses 3, también deseo seguir a este varón que afirma que un hombre puede ser un cristiano común en su vida. También puede ser un cristiano especial en su vida e, incluso, puede avanzar hasta convertirse en alguien con una vida singularmente espiritual. Mi oración también es mostrar que es posible culminar esas tres etapas en la senda de perfección para luego entrar a otra etapa en que solo se puede comenzar aquí, pero que no se puede concluir, como expresa el antiguo escritor, «hasta el gozo del cielo».

Esta es la enseñanza de la vida cristiana victoriosa y el centro de mi enseñanza. Mientras sigo adelante, estoy convencido de que llegaremos a una solución. Lo único que deseo es que esta se produzca en los círculos religiosos. Nos hemos suavizado tanto que incluso la solución es ahora tan débil que, si contuviera veneno, no te mataría, y si fuera medicina, no te curaría. Es simplemente una solución débil. Este libro es para aquellos que desean esforzarse al máximo, llegar al punto más soberano posible de vida por gracia que se pueda alcanzar en este plano terrenal, mientras aún estamos en estos cuerpos mortales.

**Jesucristo contó parábolas y disfrazó su enseñanza para que el de ojos espirituales la viera, y los demás no pudieran verla, oírla o entenderla.**

¿Es ser fanáticos querer avanzar hasta llegar a amar perfectamente a Dios, hasta llegar a alabarlo por completo y vivir así en su voluntad, mientras habitamos en el cielo estando aún en la tierra?

Si eso es fanatismo, entonces es el fanatismo de la Ley. Es el fanatismo de los Salmos. Es el fanatismo de los Profetas y del Nuevo Testamento. Es el fanatismo que nos dio el metodismo. Es el fanatismo que nos dio el Ejército de Salvación. Es el fanatismo que hizo nacer la Alianza Cristiana Misionera. Es el fanatismo que nos dieron los moravos. Es el fanatismo que nos proveyeron los Amigos de Dios que se aferraron a la verdad. Es el fanatismo que provocó el nacimiento de la Reforma.

Recordemos a estos hombres que en tiempos pasados fueron como lombrices en la tierra, que la ablandaron y la prepararon para la cosecha. Invisibles, pero trabajando en grupitos aquí y allí, fueron santos que no se rindieron ante las costumbres del mundo.

Así como las lombrices y demás gusanos que se encuentran en la tierra, con su ir y venir la mantienen constantemente blanda de tal manera que cuando llueve el agua puede humedecerla como sea necesario, así también hicieron estos hombres de antaño.

Lo ilustraré mejor afirmando que no se oía hablar mucho de los santos, los santos sencillos, pero sus vidas eran de perfección espiritual, es decir, eran al menos el inicio de la perfección espiritual en esta vida. Preservaron las naciones como Alemania y Holanda, e incluso las latinas del viejo continente, hasta que vino la Reforma. Crearon una tierra blanda para plantar la semilla. Martín Lutero nunca podría haber hecho lo que hizo si no hubieran existido aquellos que lo precedieron. Hubo otros como él que fueron y vinieron por el mundo predicando tal clase de vida.

Algunos que lean esto seguirán adelante y por desgracia otros no. Algunos más llegarán a su Cades Barnea y se volverán atrás. Cuando el pueblo de Israel llegó a Cades Barnea hubo quienes dijeron «sigamos adelante», pero Israel como un todo dijo «no, no seguiremos más allá», y no lo hicieron. Por tanto, regresaron sin saber que estaban sentenciándose a cuarenta años de vagar sin rumbo por las arenas del desierto. No sabían que estaban sometiéndose a una prueba. Dios no les dijo: «Vamos, levántense todos, respiren profundamente que nos enfrentaremos a una prueba». Simplemente dejó que se probaran ellos mismos, ¡y reprobaron!

En este mundo de pecado, carnalidad y maldades es aterrador y terrible que entre el 80% y el 90% de las personas que Dios pone a prueba la reprueban, pero afortunadamente no es así con todas ellas. «¿Qué tienes, dormilón? Levántate, y clama a tu Dios; quizá él tendrá compasión de nosotros, y no pereceremos» (Jon. 1:6). Debo decir que para algunos será una prueba inconsciente que los exhortemos a seguir adelante. La pregunta es: ¿cuál será tu respuesta? ¿Irás conmigo? ¿Estarás de acuerdo en que la mayoría de los cristianos modernos llevan vidas subcristianas? ¿Concuerdas en que la mayoría de los cristianos no experimentan gozo? No son cristianos gozosos porque no son espirituales y, por tanto, no son santos.

Si tu concepto de cristianismo es en parte juego, en parte diversión social y en parte religión, no podrás oírme ni entenderme en absoluto. Quizás recibas estas palabras, pero no entenderás lo que estoy diciendo. Por otra parte, si tu concepto de cristianismo contiene la creencia de que esta vida es como un campo de batalla contra el mundo y que esta vida es una preparación para algo más grandioso; si aceptas la cruz de Jesucristo como tu símbolo que debes cargar y también morir en ella, y levantarte y vivir por encima de tu cruz, entonces avanzaremos y viajaremos juntos.

Ahora te comparto un pequeño lema de *La nube del no saber*: «Deja lo que queda atrás. Trata más bien de alcanzar lo que tienes por delante». Esta fue la manera del antiguo escritor de repetir lo que el apóstol Pablo dijo: «olvidando ciertamente lo que queda atrás, y extendiéndome a lo que está delante» (Fil. 3:13). Si tomas eso como tu lema, «Deja lo que queda atrás. Trata más bien de alcanzar lo que tienes por delante», no te preocupas por el pasado y te comprometes a seguir adelante a través de las etapas sucesivas, tendrás una experiencia espiritual que los antiguos hermanos llamaron «unidos» con Cristo. Estar «unido» con Cristo es lo que mi corazón anhela y confío en que el tuyo también lo anhele.

# ETAPAS DE CRECIMIENTO

Cuando Dios nos habla y le respondemos en oración y devoción, lo que le expresamos es muy importante. Por eso, los Salmos son tan importantes, porque en ellos vemos hombres inspirados respondiéndole a Dios. Por eso, la gran literatura devocional es tan importante. Dios ha hablado a la humanidad y las épocas le han contestado, y Él ha preservado esto para nosotros.

Sigo, aunque no muy de cerca, algunas sugerencias del libro anónimamente escrito *La nube del no saber*. Su autor se dirige al lector como «mi querido amigo en Dios», que no es más que una expresión antigua para compañero espiritual en Dios: «Quisiera comunicarte cuanto he observado sobre la vida cristiana. En general, esta parece avanzar a través de cuatro etapas de crecimiento». El autor establece que tú puedes ser un cristiano común, luego un cristiano especial, para después llegar a ser un cristiano singular. Por último, puedes entrar en la cuarta etapa, la perfección; pero no puedes vivirla a plenitud, porque «la cuarta, aunque iniciada aquí, continuará sin fin hasta la alegría de la eternidad». Esta es una respuesta perfecta a lo que Pablo afirmó: «No que lo haya alcanzado ya, ni que ya sea perfecto; sino que prosigo, por ver si logro asir aquello para lo cual fui también asido» (Fil. 3:12). Existe una bendita contradicción. Ya hemos entrado, pero aún no hemos recorrido todo el trayecto.

¿A qué viene todo esto? ¿Se ha añadido algo nuevo, raro y extraño? Creo que no. He aquí lo que *La nube* enseña: «Oh Dios, a quien todos los corazones están abiertos». Es decir, desees lo que desees, esa es tu oración. Cualquiera que sea tu anhelo, este va delante de Dios. Él lo escucha. Si deseas ser malo, Dios te escucha. Si quieres ser santo, Él oye eso. Si tu anhelo es resistir, Dios lo oye. «Ante quien nada secreto está oculto», significa que nada privado o secreto se esconde de Dios.

¿Logras encontrar alguna anomalía en esto? *La nube del no saber* afirma, además: «Purifica los pensamientos de mi corazón, y derrama tu Espíritu, para que yo pueda amarte con amor perfecto y alabarte como tú mereces». Si eso es fanatismo, entonces sin duda alguna ansío ser esa clase de fanático. También anhelo que mi corazón esté tan purificado por el don inefable del Espíritu de Dios, que pueda amarlo con amor perfecto y alabarlo como se merece. ¿Te gustaría experimentar también esto mismo?

Proverbios 4:18 expresa: «la senda de los justos es como la luz de la aurora, que va en aumento hasta que el día es perfecto». Veamos aquí dos traducciones separadas de ese versículo, la primera es de la *Nueva Biblia Viva*: «La senda de los justos se parece a los primeros rayos de luz del amanecer, que brillan cada vez más hasta que es pleno día». La *Traducción en lenguaje actual* indica: «La vida de los hombres buenos brilla como la luz de la mañana: va siendo más y más brillante, hasta que alcanza todo su esplendor».

En la declaración inspirada del hombre del Antiguo Testamento se establece claramente que cuando alguien se convierte en cristiano, sale el sol. La senda de ese cristiano, a medida que avanza, es como los primeros rayos de luz del amanecer y la luz del día es cada vez más brillante, hasta que alcanza todo su esplendor. En hebreo esto significa: «Hasta que el sol se pose como en la cumbre del cielo, entonces el día pleno será tuyo». A menudo los cristianos admiran y citan mucho esto y hasta lo aprenden de memoria, pero rara vez lo creen.

¿Cómo sé que no lo creen? Porque la mayoría de los cristianos simplemente no lo experimentan. Y lo que no experimentamos, no lo hemos creído. Es importante recordar que la mayoría de los cristianos permanecen donde están, día tras día, semana tras semana; y las semanas se convierten en meses y los meses en años. Sí, tenemos nuestras pequeñas rachas en que esperamos actuar de mejor manera. Pero, si somos sinceros, la mayoría de los cristianos permanecen donde están, días, meses y años hasta que les llega la vejez. Hay algunos que no han avanzado un solo centímetro desde la primera vez que el sol salió cuando se convirtieron. No estoy tratando de desconvertirlos o de que salgan de la iglesia, ni afirmo que no sean cristianos. Lo que digo es que dejaron de crecer en el mismo punto en que debieron comenzar a avanzar en su conocimiento de Dios.

**La mayoría de los cristianos permanecen donde están, día tras día, semana tras semana; y las semanas se convierten en meses y los meses en años.**

Podrías preguntar: ¿No están justificados todos los cristianos? ¿No están todos regenerados? ¿No son todos miembros de la casa de Dios y del cuerpo de Cristo? ¿Por qué hacer distinciones entre cristianos? ¿No son santos todos los cristianos, según nuestras traducciones griegas? ¿Por qué entonces hacer estas distinciones y por qué decir que hay cristianos comunes, especiales y singulares, y cristianos que están empezando a marcar la perfección en sus vidas espirituales?

Durante años he escuchado este tipo de razonamiento espiritual de que todos los cristianos son iguales y que no hay distinción entre ellos. He combatido, resistido y explicado esto por mucho tiempo, y vuelvo a preguntar: ¿por qué en su parábola del sembrador en Mateo 13, Cristo habla de una cosecha de cien, de otra sesenta y de una de treinta veces más de lo sembrado en la vida cristiana? ¿Por qué Dios hizo una distinción?

El mismo Señor Jesús describió esto. Habló de cien, sesenta y treinta. ¿Por qué dice que algunos gobernarían sobre muchas ciudades y otros sobre pocas? ¿Por qué algunos más tendrían posiciones eminentes y otros no tan exaltadas en el reino de Dios?

¿Por qué el apóstol escribió sus palabras de Filipenses 3 si todos somos iguales y no hay ningún motivo para inquietarnos? ¿Por qué aseguró que había perdido todo y que lo consideraba como basura para poder ganar a Cristo y ser hallado en Él; y para poder conocerlo y conocer el poder de su resurrección y ser conformado a su muerte y por cualquier medio alcanzar esa resurrección superior? Sí, Pablo creía que todos los cristianos resucitarían de los muertos como cristianos, pero habló de una resurrección superior. Así manifestó: «No que lo haya alcanzado ya, ni que ya sea perfecto; sino que prosigo… olvidando ciertamente lo que queda atrás» (Fil. 3:12-13).

Recuerda nuestro pequeño lema de *La nube del no saber*: «Deja lo que queda atrás. Trata más bien de alcanzar lo que tienes por delante». Le decimos a un niño: «Déjalo estar». Este es un modismo que significa no tocar, no detener o no interferir en algo. El antiguo escritor dice que no nos importe lo que hayamos conseguido. Que tratemos más bien de alcanzar lo que tenemos por delante.

Examinemos ahora más de cerca la palabra *común,* o *corriente.* Encontramos su definición como de categoría, cualidad o aptitud habitual. Un cristiano común es aquel que tiene cualidades o aptitudes del montón y que no lo distingue ninguna clase de superioridad. Es tan solo un cristiano que cree, pero no se distingue por superioridad espiritual de ninguna naturaleza. A la persona común se le define como un seguidor de costumbres. Si eres simplemente un cristiano de cualidad o aptitud común que no se distingue en ninguna forma, solo eres un seguidor de costumbres, cualesquiera que sean. Lo más probable es que seas un cristiano del montón.

**Deja lo que queda atrás. Trata más bien de alcanzar lo que tienes por delante.**

Ahora llegamos a una palabra que debo confesar que no me gusta: *mediocre.* La triste verdad es que a la mayoría de los cristianos se les puede describir como mediocres. ¿Sabes qué significa la palabra *mediocre*? Viene de dos expresiones latinas que significan a medio camino de la cima. Me pregunto si eso no describe adecuadamente a la mayoría de los cristianos. Están a medio camino de la cima. No están a mitad de camino al cielo, sino a medio camino de donde deben estar: a mitad de camino de la cima, a mitad de camino entre el valle y la cima. Ya no se revuelcan en el valle, pero no están en la cima donde el sol brilla. Moralmente están por encima del pecador más endurecido, pero espiritualmente están por debajo del santo resplandeciente. Ahí es donde la mayoría de nosotros nos hemos asentado.

Tal vez en el pasado te hayas dicho que no vas a ser un mediocre porque también detestas esa palabra y, por tanto, decides abrirte paso montaña arriba hacia lo alto de la cima donde puedes estar en esta vida mortal. Por desgracia, no has hecho nada al respecto. En todo caso, has perdido un poco de terreno. Solo eres un cristiano a medias. Me pregunto si a eso fue a lo que Jesús se refirió cuando aseguró en Apocalipsis 3 que hay quienes no son ni fríos ni calientes, sino tibios. Tan solo me pregunto. Espero que las palabras de Jesús signifiquen eso, porque no quiero contradecirme agregando algo a las Escrituras.

Sin embargo, consideremos el significado de la palabra *tibio*. No estoy seguro de su origen, pero la relacionamos con agua que no es fría ni caliente. Simplemente es tibia, como cuando estás a medio camino hacia la cima donde podrías haber estado si hubieras seguido adelante. Si te vuelves y miras montaña abajo, reconoces que no estás en el valle, en las fétidas sombras y nieblas, pero tampoco estás donde podrías haber estado. A eso es a lo que llamamos ser mediocre, moralmente por encima del pecador endurecido, pero espiritualmente por debajo del santo adorador.

Una vez entendido esto, debo preguntar si esto es lo mejor que Cristo ofrece, por su sangre y su Espíritu, por su dura muerte en la cruz, por su resurrección de entre los muertos, por su ascensión a la diestra del Padre, por su derramamiento del Espíritu Santo, por su inspiración del Nuevo Testamento. ¿Es una experiencia cristiana a medias lo mejor que Jesucristo ofrece? Me pregunto si Él espera o acepta que los cristianos dejemos de desarrollarnos y nos quedemos a medio crecer. ¿Honramos a Dios al detener y congelar nuestro desarrollo como si fuéramos quinceañeros, u honramos a Dios avanzando hacia la plena madurez? A pesar de la clara enseñanza de la Biblia, muchos en el pueblo de Dios tienden a renunciar a su desarrollo y detenerlo. Sin duda, eso no es lo que el Señor quiere. La mediocridad no concuerda con el Nuevo Testamento.

¿Has pensado alguna vez por qué hay tantos individuos a los que se les puede llamar cristianos comunes? Es porque a pesar de escuchar el llamado a tomar la cruz y seguir hacia las alturas, comienzan a regatear con Dios. En lugar de avanzar, comienzan a cuestionar. Se dedican a argumentarle a Dios. Creo que argumentar con Dios es una de las conductas más odiosas y repulsivas que conozco en el ámbito religioso. Como conservador evangélico, no creo que debamos golpear a los pobres liberales, porque no creo que ellos sean preocupación para el Señor. Él sabe dónde están espiritualmente. No son cristianos. Pero los que somos cristianos, quienes hemos nacido de nuevo, tenemos vida y entonces la raíz del problema se encuentra en nosotros. Sin embargo, cuando el Señor nos llama a las alturas, comenzamos a regatear y preguntamos: ¿Cuánto me costará? ¡Ah, Señor!, quiero seguir adelante, pero ¿cuánto me costará?

Amigo mío, detesto decir esto porque parece cruel, pero si alguien plantea el tema de las consecuencias en la vida cristiana, no resulta ser un buen cristiano sino alguien mediocre y común, que no se distingue por superioridad espiritual en ninguna fase de esta vida. Jesús dijo a sus discípulos que tomaran su cruz y lo siguieran, porque donde Él estuviera, ellos también estarían; y que, si hacían eso, el Padre los honraría.

Así que, quien toma la cruz no pregunta cuáles son las consecuencias, porque todo el mundo sabe cuáles son las consecuencias de una cruz. Tan pronto como comenzamos a regatear y cuestionar lo que esto costará en tiempo o dinero revelamos a nuestro espíritu que somos cristianos comunes. Siento incluso que estoy ablandando los bordes de la espada del Señor en lo que enseño. Hasta creo que estoy poniendo el asunto más fácil de lo que hizo el Señor cuando afirmó en Mateo 16 aquellas cosas terribles y maravillosas sobre llevar la cruz.

He aquí otra pregunta, que es peor aún: ¿Es conveniente esto? ¡Dios mío, cómo depende su obra de la conveniencia de su pueblo! Para muchos, la obra del Señor es una conveniencia. Todo avance en la vida cristiana debe hacerse a nuestra inconveniencia. Si no te causa molestias, si no hay ninguna cruz en ello, si lo has reducido a un sendero suave y no te cuesta nada. Si no hay desagrado ni inconveniente, y ningún elemento de sacrificio en ello, no llegarás a ninguna parte. Si te detuviste y armaste tu indigna tienda a medio camino entre el pantano y la cumbre, eres un cristiano mediocre.

**Muchos en el pueblo de Dios tienden a renunciar a su desarrollo y detenerlo. Sin duda, eso no es lo que el Señor quiere. La mediocridad no concuerda con el Nuevo Testamento.**

¿Has oído alguna vez de una cruz que fuera cómoda? ¿Ha encontrado alguien alguna vez una manera conveniente de morir? Si quisieras morir y fueras un pecador y quisieras quitarte la vida, ¿cómo lo harías? ¿Existe alguna manera conveniente de morir? Nunca he oído de una. El juicio no será conveniente y, sin embargo, buscamos conveniencia a nuestro alrededor. Los alpinistas siempre están en peligro y actúan en su inconveniencia.

Después de escuchar por primera vez la voz de Jesús hablándonos y llamándonos, ¿le preguntaríamos si será divertido? Cualquiera que pregunte esto simplemente será un cristiano común. Será un mediocre hasta la muerte. Nunca se distinguirá en ninguna manera por ninguna cualidad espiritual. Nunca se destacará por ningún don del Espíritu Santo. Nunca conocerá al Señor más que el común de la gente. Los cristianos que preguntan: «¿Es divertido?», exigen que el cristianismo sea divertido. Organizaciones enteras se han iniciado para cumplirles sus deseos. Tenemos organizaciones enteras dedicadas a mezclar religión y diversión para nuestros jóvenes. Entiende, por favor, que los jóvenes de hoy son tan responsables ante Dios como lo son los mayores. El adolescente que conoce a Jesús y se convierte es tan responsable por los inconvenientes y el costo como lo es un hombre de setenta años. No hay diferencia. Y, sin embargo, buscamos diversión. Cristo nunca ha ofrecido diversión y entretenimiento, pero tenemos que ofrecer lo uno y lo otro si queremos conseguir gente porque así piensan los cristianos comunes. Pero esto no tiene por qué ser así.

Nuestra quinta pregunta es: ¿Es esto popular? Tal vez tú digas: «Soy cristiano. He aceptado a Jesús; por supuesto que lo soy». Ahora hablamos de un avance, de algo que está por delante, de algo más allá del promedio. ¿Es común? ¿Es popular? ¿Lo hacen otras personas? Un cristiano nunca debería preguntar: «¿Es esto popular?», sino: «¿Es la voluntad de Dios?».

El cielo es el lugar donde se hace la voluntad de Dios. El infierno es el lugar donde se desconoce la voluntad de Dios, pero no el juicio que envió allí a los seres humanos. Y entre el cielo, donde la voluntad de Dios se cumple a la perfección, y el infierno, donde nunca se cumplirá, existe un grupo de individuos tratando de decidir si quieren o no la voluntad de Dios. Cuando preguntamos: «¿Es esto popular?», evitamos el sufrimiento de la soledad. Hay quienes simplemente no pueden estar solos.

Me convertí a los diecisiete años. En aquel entonces no había ni un solo cristiano en mi familia. Mi madre tenía huéspedes en casa. Mi padre aún estaba vivo, y allí se encontraba mi familia con mis hermanos y hermanas. Teníamos una casa casi siempre llena de gente, pero yo estaba solo. Solo. Solo. Sé lo que Elías quiso decir cuando lo declaró tres veces. Oh, Dios, estoy solo. Yo estaba solo en esa casa. No quiero dar la impresión de que me mantuve firme tan noblemente como Esteban en Hechos 7, pero lo logré. Fue difícil estar solo sin nadie a mi alrededor que viviera como cristiano. Nadie con quién ir a la iglesia. Nadie quería inclinar la cabeza y orar en la mesa. Nadie quería una Biblia. Fue difícil estar solo, pero, por la buena gracia de Dios, estuve solo. El resultado fue que mi madre se convirtió, luego mi padre y después dos de mis hermanas confiaron en Cristo. Mi padre era bautista y se fue al cielo. Mi madre era cristiana, murió y se fue al cielo. Otros más en mi familia se convirtieron, pero si yo hubiera preguntado: «Señor, ¿es esto popular? ¿Qué me costará?», aquellas personas no habrían conocido a Dios. Pero por la gracia de Dios, Él me ayudó.

**Entre el cielo, donde la voluntad de Dios se cumple a la perfección, y el infierno, donde nunca se cumplirá, existe un grupo de individuos tratando de decidir si quieren o no la voluntad de Dios.**

Consideremos por un momento que tal vez algunos han sido culpables de hacer estas preguntas. Algunos que han aceptado a Cristo como su Salvador y saben que se ha producido un cambio, no obstante, podrían estar preguntándose: «Oh Dios, si te busco más, ¿qué me costará? Ah, Dios, ¿será seguro para mí seguir adelante? Oh Dios, ¿será conveniente? ¿Habrá algo de diversión en ello? ¿Tendré que estar solo, Dios?». Digo que esto es poco noble, es indigno, es la característica de la mediocridad y la señal de lo común. No debes mirar hacia atrás en tu vida ni preocuparte al respecto. Pero ten confianza y no te culpes. Al pensar en estas cosas, no permitas que el desánimo te derribe. Recuerda nuestro lema: «Deja lo que queda atrás. Trata más bien de alcanzar lo que tienes por delante».

Piensa por un momento, ¿qué tal si te detuvieran espiritualmente donde te encuentras y te clavaran a una roca como sucedió con Prometeo cuando lo ataron a una piedra para robarle el fuego del cielo? ¿Te clavarían a una roca a medio camino de la cumbre? Prometeo era un antiguo dios griego con una condición como la de un camaleón: podía tomar la forma que quisiera. Podía tomar cualquier forma. En la nieve podía ser blanco y en la mina de carbón podía volverse negro. Era un dios cambiante. Por supuesto, no era Dios. Pablo dice que no hay ninguno como Dios, pero estamos ejemplificando como el mismo Pablo hizo.

El orgullo también es así. Es diabólico. Cambia de color dondequiera que se encuentre. Si es en una iglesia liberal, usa guantes blancos y mira con soberbia a los muchos jueces y senadores que pertenecen a la iglesia. Si se trata de una iglesia fundamentalista, cambia de color y sonríe con suficiencia por su doctrina evangélica y su fe en la inspiración verbal de su particular versión de la Biblia. Si es una iglesia de vida más profunda como la nuestra, vuelve a cambiar su color. Los cristianos que han tratado de caminar más profundamente con el Señor están tentados a menudo a sentirse orgullosos de esto. Quienes no lo han hecho están tentados a desanimarse ante ello. Recuerda, el orgullo es diabólico.

He intentado poner ante ti mi entendimiento de lo que es un cristiano común desde mis muchas décadas de ministerio, oración y estudio bíblico. Si estas descripciones de un cristiano común te desaniman, te pido que no te desanimes. Eso es orgullo. Lo que está ocurriendo en ti ahora es que tu forma de vivir te avergüenza. Estabas muy orgulloso de ti mismo, pero cuando te escuchas o te ves expuesto, te sientes naturalmente avergonzado de ti. Esto es simple orgullo. Tienes que dejar de pensar en ti sin preocuparte, mirar ahora hacia delante y olvidar lo que queda atrás.

¿Qué es lo que debe «quedar atrás» en tu vida? ¿No podemos confiar en que el Señor se encargará de todo eso? Él perdona al instante y lo hace por el amor indulgente de Dios y la restauración de la inocencia, mediante la sangre del Cordero y la dignidad que ella nos otorga. Su sangre nos hace dignos. Con todo mi corazón deseo reiterar las palabras del sencillo cántico, «Su sangre nos hace dignos». Si vuelves atrás, te flagelas y te azotas hasta sangrar, mostrando cuán espiritual has sido al confesar que no has sido bueno, simplemente estarás quejándote contigo mismo. Deja de quejarte. Deja de hacer eso y trata ahora de alcanzar lo que tienes por delante. Nadie llegará muy lejos a menos que levante la mirada y deje de enfocarse en sí mismo.

Los ojos humanos fueron hechos para mirar hacia afuera, no hacia adentro. Dios quiso que tú y yo miráramos hacia el exterior, no hacia el interior. Introspección es una palabra larga que significa lo que dice: *spect*, de *espectro,* que significa «ver», e *intro*, «del interior». Por tanto, nos hemos mirado hacia dentro. Pero hay otra palabra, *expectativa,* que significa mirar hacia adelante. Entonces, ya no miremos atrás.

Amigo creyente, si tu deseo es avanzar, nunca progresarás si retrocedes y desentierras todo lo que está mal en ti. Es como la historia de los dientes de dragón que fueron sembrados en la tierra y cada uno se convirtió en un dragón. Cuanto más te enfoques en ti mismo, más daño te harás. Es como operarte tú mismo. Puedes criticarte, condenarte y regodearte en tu propia acusación hasta que te hayas olvidado por completo de la sangre y la bondadosa gracia de Dios. Por el contrario, debes comenzar ahora mismo, exactamente allí donde te encuentras. En Apocalipsis 21:5 Dios declaró: «He aquí, yo hago nuevas todas las cosas». Él es el Dios de los nuevos comienzos. Deja lo que queda atrás. Trata más bien de alcanzar lo que tienes por delante.

Regocíjate en que los viejos tiempos quedaron atrás bajo la sangre derramada de Jesucristo. Exprésale rápida y sinceramente al Señor lo bien que te ha cuidado, y Él quitará tu carga como la quitó de Cristiano en *El progreso del peregrino* y la hará rodar ladera abajo. A partir de allí solo habrá progreso y no marcha atrás. Si sigues mirando hacia atrás, hacia los errores o los pecados que has cometido y hacia tu vil mediocridad, y regresas a mirar lo común y corriente que eres y lo insignificante que ha sido tu vida espiritual, todo esto te mantendrá clavado a una roca en medio de la colina.

**El orgullo también es... diabólico. Cambia de color dondequiera que se encuentre.**

Por tanto, lo que debes hacer es dejar de culparte. Aunque a menudo podría resultarte muy fácil obtener la victoria sobre tu humildad, no es tan fácil salir victorioso sobre tu remordimiento y dejar de culparte todo el tiempo. Ya no te culpes más. Dios te conoce íntimamente. Si te desarmaras hasta que cada partícula de polvo del que estás hecho yaciera solo delante de los ojos de Dios, no le dirías nada al Señor. Él sabe que eres polvo y si volvieras a la vida y desenterraras todo lo que la memoria te ayudara a sacar, no le dirías nada a Dios. Él ya lo sabe todo. Él te conoce íntimamente. Él recuerda que eres polvo. ¡Ah, ese hermoso Salmo 103! Le agradezco a Dios que fuera escrito. Él nos conoce íntimamente: «Como el padre se compadece de los hijos, se compadece Jehová de los que le temen» (v. 13), porque nos conoce a fondo. Él recuerda que somos polvo.

Así que, esa es una mirada ampliada a la conformación de un cristiano común. He intentado describirlo de la mejor manera posible. Te he dado varias razones de por qué ese tipo de cristiano es así. Ahora te diré lo que el cristiano común puede hacer respecto a su situación. Pasaré a hablar del cristiano especial, es decir, de aquel que ha salido del estado de mediocridad y ya no está clavado a una roca. Está suelto y desplazándose. Como declara nuestro antiguo amigo, seiscientos años con el Señor, escrito en *La nube del no saber*, «Deja lo que queda atrás. Trata más bien de alcanzar lo que tienes por delante».

# SENTIDOS INTERNOS SOBRE LOS EXTERNOS

Hemos considerado la primera etapa en la madurez de los creyentes cristianos examinando lo que hemos llamado el cristiano común. Los cristianos comunes en conjunto no se distinguen por ninguna marca de superioridad espiritual. Como se nos presentó primero en el libro de seiscientos años de antigüedad, *La nube del no saber*, mencioné que esta era una característica de la mayoría de los cristianos comunes. Aclarado esto, creo que todos deberíamos esforzarnos para convertirnos al menos en una clase de cristianos especiales.

Prestemos atención, por favor, a Pablo en Filipenses 3, a este extraño varón. A este maestro de la lógica que podía escapar de la lógica y alejarse volando de ella como un pájaro escapa de la jaula cuando la puerta se queda abierta. Pablo aseguró que renunció a todo «para ganar a Cristo». Y lo dijo con voz tensa, «para ganar a Cristo» y, sin embargo, ya lo tenía. Para ganarlo, pero teniéndolo ya. El apóstol añadió, para «ser hallado en él»; y, no obstante, ya estaba en Él. Y a Pablo es a quien recurrimos más que a cualquier otro escritor bíblico para aprender la doctrina de estar en Cristo. Pero Pablo dice que desea «ser hallado en [Cristo]» cuando ya estaba en Él; «a fin de conocerle», cuando ya lo conocía. Pablo atestiguó: «Con Cristo estoy juntamente crucificado, y ya no vivo yo, mas vive Cristo en mí; y lo que ahora vivo en la carne, lo vivo en la fe del Hijo de Dios, el cual me amó y se entregó a sí mismo por mí» (Gá. 2:20). El apóstol siguió diciendo en Filipenses 3:14 que proseguía a la meta, que, sin embargo, aún no la había alcanzado; él intentaba asirse, es decir, alcanzar aquello para lo cual Cristo lo había alcanzado.

Observa lo totalmente ajeno que esto es al espíritu de la ortodoxia moderna. Esa brillante expresión de Pablo: «por ver si logro», la cual ha sido desplazada por las palabras «lo tengo». Lo tengo… porque podemos citar el texto, suponemos que hemos tenido la experiencia. Este es en mi opinión uno de los obstáculos más graves para el progreso espiritual, y una de las brisas más mortíferas y escalofriantes que jamás haya soplado sobre la Iglesia de Dios. Este extraño textualismo que supone que disponemos del contenido del versículo porque podemos citarlo. Puedo recorrer el Banco del Estado, pero sin poseer un solo centavo que se encuentra allí. Puedo leer y aprender las Escrituras de memoria; y, a pesar de ello, no apropiarme de nada de lo que he memorizado.

«Por ver si logro» fueron las palabras que motivaron a Pablo. Pero ahora se nos dice: «Lo tengo». Estás en Cristo… agradece. Tienes a Cristo, sé agradecido. Sigue cultivando. En cualquier momento, Él vendrá, y entonces verás lo que ahora tienes. No sea que tú y Él sean extraños. Que no sean el uno para el otro. El lenguaje vehemente y jadeante del apóstol Pablo recuerda al ciervo que «brama por las corrientes de las aguas, así clama por ti, oh Dios, el alma mía» (Sal. 42:1). Por desgracia somos ajenos a este tipo de experiencias. Las estudiamos en el griego y averiguamos su significado en español, y entonces decimos: ¿No es bueno eso hoy día? ¿No es eso algo bueno? Y eso es todo lo que hacemos al respecto.

No obstante, Pablo siguió diciendo: «prosigo a la meta, al premio del supremo llamamiento de Dios en Cristo Jesús» (Fil. 3:14). Ahora algunos han *debilitado* ese concepto, convirtiéndolo en algo así como una nube rosada que al final van a obtener. Creen que Pablo hablaba de una nube rosada que iba a tener en el regreso de Cristo. En ese versículo no logro ver nada sobre el regreso de Cristo. Aquí Pablo habla de un esfuerzo actual por aprehender en forma experimental aquello para lo cual Cristo lo asió.

**Puedo leer y aprender las Escrituras de memoria; y, sin embargo, no apropiarme de nada de lo que he memorizado.**

Por desgracia, hay algunos que no pueden oír lo que estoy diciendo. Hay algunos que no pueden aceptar esta enseñanza y, por tanto, posiblemente no seguirán adelante. Lo sé. Pero conozco a la gente, y sé que hay otros que escucharán y responderán. A pesar de ello, hay algunos que simplemente no pueden oír lo que estoy hablando porque los ha parado en seco lo que he llamado el credo del contentamiento. Aseguran que estás completo en Cristo, así que debes alegrarte. Ya estás completo y no hay nada más que se pueda hacer por ti. Según esta lógica, cualquier esfuerzo por avanzar puede considerarse alguna clase de fanatismo. Por tanto, en los últimos años, el Nuevo Testamento, en particular el libro de Romanos, se ha reinterpretado. Si existiera una palabra que significara «explicado mal» o «expuesto de otra manera», yo la usaría. Al libro de Romanos se lo ha reinterpretado de tal manera que detiene en seco nuestro avance.

También hay otros que simplemente no pueden oír esto porque se han topado con alguna verdad que no obedecerán. Ten la seguridad de que el Señor no discutirá en absoluto una verdad que no estés dispuesto a obedecer. Si no la obedeces, o si te detienes en alguna parte porque hay algo que no vas a hacer, algo que rechazarás, alguna confesión que no llevarás a cabo, alguna rectificación que no harás, algún acto de obediencia que no realizarás, entonces te has paralizado. Es como si se rompiera el eje de un camión o un auto. Se paraliza. No puede seguir adelante. Y hay personas así sentadas por todas partes en la iglesia de Cristo que son salvas. No puedes decir que no sean salvas. Han confiado en Cristo. Creen que sus pecados están perdonados. Testifican ser cristianas, pero tienen un eje roto y no han avanzado ni un kilómetro en veinticinco años. Muchas personas han escuchado buenas prédicas a lo largo de los años y, sin embargo, están sentadas con ese eje roto, absolutamente detenidas por no obedecer.

Luego están aquellos que no pueden escuchar lo que estoy diciendo porque han aceptado un estado de desánimo crónico como la condición normal para un cristiano. Son creyentes, pero no lo son por sí mismos. A los demás les dicen que creen, pero para ellos esto simplemente no tiene ningún sentido. Afirman: «He estado en todo altar. He asistido a conferencias bíblicas. He ido a todas partes y creo en esta vida, en esta vida cristiana progresiva y victoriosa, pero no puede ser para mí». Entonces entran en un estado de desánimo crónico.

Esto es lo que declara el desaliento o la incredulidad, porque se trata de lo mismo. Dice: «Sí, creo que estás predicando para alguien más, pero no para mí. Para algún otro momento, pero no para este. Para algún otro lugar, pero no este». Se supone que eso es modestia y mansedumbre, pero no es lo uno ni lo otro. Es desánimo fruto de la incredulidad. Creemos que es posible aceptar que hubo un hombre que vivió hace seiscientos años en Inglaterra que podía hablar acerca de *La nube del no saber*, pero no creemos que exista ahora tal cosa. Creemos que existía para aquel hombre, pero no para nosotros; para ese momento, pero no para hoy día; para ese lugar, pero no para aquí. Por eso afirmo que hay quienes están desanimados. Tienen un estado crónico de desaliento como el de alguien que ha estado enfermo por tanto tiempo que ya no cree que pueda curarse.

¿Recuerdas cuando Jesús vio al hombre que yacía junto al estanque de Betesda? Le dijo: «¿Quieres ser sano?» (Jn. 5:6). ¿Por qué le preguntó Jesús eso al enfermo? Eso no se lo preguntó a nadie más en el Nuevo Testamento. «¿Quieres ser sano?». ¿Por qué le preguntó a ese hombre: «¿Quieres ser sano?»? ¿No debería cualquier persona enferma querer curarse? Eso es verdad solo hasta cierto punto. Solo hasta cierto punto el hombre o la mujer promedio desean mejorar. Es posible que después de haber vivido mucho tiempo con una condición crónica, esta se convierta en una mascota que no quieren perder, porque después de eso no tendrían ninguna conversación subjetiva. En cierto modo se sienten mártires, se compadecen de sí mismos y creen que esa es la cruz que deben llevar y no quieren curarse. Han aprendido a vivir con una enfermedad crónica leve. Por supuesto, si se trata de una enfermedad grave, se asustan, pero si la han tenido durante veinte años y esta no los ha matado, se imaginan que pueden durar así veinte años más, por lo que no intentan curarse. «¿Quieres ser sano?», le preguntó Jesús, y luego lo curó porque este enfermo quería curarse. Si en ese hombre hubiera encontrado lo que la mayoría de los cristianos tenemos dentro de nosotros, un estado crónico de desaliento, Jesús habría pasado de largo.

Otra razón de por qué muchas personas no pueden escuchar lo que enseño es que han aceptado el culto a la respetabilidad. He querido escribir sobre esto para desahogarme, porque veo el culto a la respetabilidad en círculos religiosos. Hemos optado por ser tranquilos, correctos, serenos, dueños de nosotros mismos y ecuánimes. Ahora usamos el término *equilibrados.* Hemos aprendido a ser equilibrados. Es como si todo el mundo se abalanzara sobre ti con una herramienta e intentara equilibrarte. Vamos al colegio para equilibrarnos. Es decir, creemos que debemos equilibrarnos. Introducen escuelas psiquiatras de pensamiento en la iglesia, donde individuos contratados ingresan con herramientas y equilibran a las personas. Así es que todos quieren ser equilibrados.

**Si tienes algún anhelo por Dios, fue Él quien desde el principio lo puso en tu corazón.**

Nadie quiere que se le considere extremista en nada. Todo el mundo desea ser ecuánime, adecuadamente objetivo, desarrollado, simétrico e imparcial. Los cristianos somos así, olvidando que toda alma superior, desde Cristo en adelante, al principio fue considerada extremista y hasta trastornada. Entonamos himnos de los hermanos Charles y John Wesley y hablamos de ellos como si fueran santos, lo que realmente fueron. Sin embargo, ¿sabes que cuando John Wesley vivía no podía mantener un traje decente debido a los huevos que le lanzaban? Los metodistas modernos se morirían si se dieran cuenta de que el fundador de su sociedad, un hombre erudito de Oxford, era un apóstol tan apasionado que la gente solía tirarle huevos y piedras, golpeándolo por predicar sermones. Lo consideraban un poco raro, al igual que sucedió con casi todos los demás que alguna vez lograron algún progreso espiritual.

Esta idea de mantenernos tranquilos, correctos, serenos, dueños de nosotros mismos y bien adaptados a la sociedad y desarrollados simétricamente en todas nuestras esferas adecuadas de vida es solo un culto a la respetabilidad. Nadie desea que lo consideren extremista y nadie quiere que le enseñen extremismos en religión, por lo que a menudo nos convertimos y nos detenemos en el mismo principio. Sin embargo, gracias a Dios, hay unos pocos de los que habla la Biblia a quienes se les considera dignos. En Apocalipsis 3:4 leemos: «Andarán conmigo en vestiduras blancas, porque son dignas». No sé exactamente lo que Él quiso decir, pero sé que existen algunas personas como estas. Incluso en tiempos de reincidencia y frialdad general de corazón hubo algunas personas que eran diferentes y tan distintas como para que se dijera de ellas que caminaban con Dios en vestiduras blancas y que eran dignas.

No estoy tratando de avivar el deseo por la sencilla razón de que soy sensato. Sé que no puedo avivar deseo en tu corazón. Puedo irritarte mentalmente o agitarte nerviosamente, pero no puedo poner deseos en tu corazón. Escucha las palabras del antiguo escritor de hace seiscientos años con su lenguaje pintoresco: «Nuestro Señor en su gran misericordia te está llamando a avanzar siguiendo sus pasos». Bueno, ¿estás preparado para decir que nuestro Señor, en su gran misericordia, te ha llamado y te ha conducido a Él? ¿Cómo? Por el deseo de tu corazón. Él es quien puso ese deseo allí. Dios siempre está antes. Escribí estas palabritas una vez, citando a alguien más, y ahora se han convertido en una corta frase. Dios siempre está antes. Dios siempre está allí primero. Por tanto, este hombre sabía que nuestro Señor había hecho esto por su gran misericordia; y si tienes algún anhelo por Dios, fue Él quien desde el principio lo puso en tu corazón.

*La nube del no saber* sigue declarando: «Tú sabes que durante un tiempo vivías la forma común de la vida cristiana en una existencia mundana y rutinaria con tus amigos. Pero creo que el amor eterno de Dios... no podía consentir que vivieras una vida tan común alejada de Él». ¿Recuerdas cuando no existías? Yo no recuerdo cuando no existía. Dios nos hizo por su amor eterno y nos forjó cuando no existíamos.

Resolvamos esto. Dios estuvo allí antes. Tú no llamaste. No hiciste una llamada telefónica especial al cielo, porque no existías. Ni siquiera eras una idea todavía. Sin embargo, Dios, por su amor eterno, te hizo cuando no existías y luego te compró con el precio de su sangre preciosa cuando estabas perdido en Adán. Una vez más, Dios te precedió. Él estuvo antes una vez más. Creo en la gracia preveniente, pero no creo que a una persona se le pueda obligar o presionar a tener una vida más profunda o a entrar al reino de Dios, a menos que el Espíritu Santo lo haga. Dios tiene que estar allí antes.

Por eso, Dios te compró, pagando el precio de su sangre preciosa. Te hizo cuando no eras más que un cero. Te puso piernas, brazos, cabeza y corazón, y te hizo ser humano soplando en ti aliento de vida; te convirtió en un alma viviente cuando no eras más que un cero, en desolación y vacío. Lo hizo por el amor eterno de su divinidad. ¿Sabías que cuanto más enseño acerca de esto, más grande es el mar de gloria en el que veo que estamos los cristianos?

Luego, *La nube* dice que cuando estabas perdido en Adán, Dios te compró por precio, y continúa diciendo tiernamente que Él «no podía consentir que vivieras una vida tan común alejada de Él». Simplemente no lo podía consentir. Este mismo Dios que te formó cuando no eras nada y te redimió cuando habías pecado, no podía consentir que estuvieras separado de Él en forma y grado de vida. Por tanto, «con delicadeza exquisita despertó el deseo dentro de ti». ¿Te describe eso? ¿Has experimentado alguna vez un súbito deseo de plenitud compasiva cuando todos a tu alrededor parecían contentarse con debates de grupo y con cómo hacer nuevos edificios?

Hace poco leí una revista con artículos sobre cómo edificar una iglesia. Explicaban las mejores técnicas, como elegir bien la ubicación. Había artículos con advertencias de otros acerca del sitio y de cómo construir con poco presupuesto. Por desgracia, todo respecto de esta iglesia tenía que ver con cosas externas. No había nada de emoción en todo el asunto, ¡ni una sola emoción! A menudo vives así, y entonces un día, de repente Dios «con delicadeza exquisita, despierta el deseo dentro de ti... atándolo rápidamente con la rienda del ansia amorosa». Qué imagen de Dios llevando un corderito calle abajo atado con una rienda... lo ató con una rienda de anhelo afectuoso. El antiguo escritor declaró que Dios «despertó el deseo... atándolo rápidamente con la rienda del ansia amorosa». Observa cómo vemos a un hombre con un fuego y guiando con ese fuego. Él guía ese fuego con una rienda.

**Dios no solo te ha llamado, sino que te conduce a suaves praderas y te alimenta con la dulzura de su amor.**

A la luz de que Dios siempre está antes, me gustaría señalar el problema evidente con la lógica. El problema con ella es que no es buena. La verdad respecto a la lógica es que siempre te atará en alguna parte. Para el hombre que ve a Dios, la lógica simplemente tambalea en todas las direcciones. Pablo dice: Lo conozco y anhelo conocerlo. Lo tengo y quiero tenerlo. Él está en mí y, sin embargo, ando buscándolo. ¿De qué estás hablando, Pablo? El apóstol contestó: Sé que la lógica sufre allí, pero esto es espiritualidad.

Así que, aquí hay un hombre que declara que cuando no eras nada, Dios te hizo, y que cuando eras un pecador, te redimió. Entonces, después de revolcarte en una clase de vida común, Dios «despertó» en ti con delicadeza exquisita un deseo, el fuego del ansia amorosa, y luego lo ató con una rienda. No puedo explicar esto por completo. No me molesta en absoluto que este hombre se confunda en sus figuras retóricas describiendo a alguien que va por la calle guiando un fuego atado con una rienda, pero eso es lo que Dios le hizo. Te dijo que eras un cristiano común, que no tenías ninguna característica distintiva, que no tenías nada que te marcara como cristiano. Te comunicó que solo eras uno más del montón, y entonces vino ese deseo exquisito y esa llama de ansia amorosa dentro de tu corazón. Y Dios los ató allí para guiarte a un estado y una forma de vida más especial a fin de ser un siervo entre los siervos específicos de Dios.

Debes entender que no hay orgullo en esto. ¿Cómo podría haberlo, cuando el antiguo escritor explica, Pablo indica, todos dicen y yo intento exponer que no hay nada que ninguno de nosotros hubiera hecho, sino que Dios lo hizo todo? Muy bien podrías tratar de crearte y de redimirte, pero no puedes hacer lo uno ni lo otro. También podrías tratar de redimirte y de tener un deseo en tu corazón, pero esto tiene que venir de Dios, y si no viene de Él, si estás estancado en algún lugar, no sé de algo que se pueda hacer. Si el credo del contentamiento te ha detenido, si has conocido la verdad y no la obedeces, si has aceptado el estado crónico de desánimo como algo normal, si prefieres ser respetable antes que espiritual, no puedo hacer nada por ti, porque no puedo poner ningún deseo en ti. Me es imposible hacerlo.

En mi juventud solía viajar al sur en el antiguo ferrocarril Vicksburg & Pacific Railroad vendiendo maní, palomitas de maíz, chicle y dulces, así como libros. Finalmente renuncié, porque solía sentarme a leer los libros mientras viajaba de Vicksburg hasta el final del recorrido y apenas vendía algo. A pesar de ello, recuerdo que durante el día recorría el vagón obsequiando a cada pasajero cuatro o cinco maníes salados. Nadie compraba nada la primera vez que pasaba por el pasillo, pero cuando regresaba, todos querían más porque habían probado la sal y los maníes, y cada uno de ellos deseaba un paquete. No puedo hacer aquí que sientas un anhelo. Sencillamente es imposible. No puedo darte un deseo por Dios. Si no tienes ansias por Dios y has aceptado un estado común de vida espiritual sin ningún anhelo, es porque Dios no lo ha encendido en ti con delicadeza exquisita, no ha encendido en ti un ansia amorosa ni la ha atado con una rienda de afecto. Lo único que puedes hacer es tan solo seguir adelante, aferrarte al texto griego y tener la esperanza de llegar al cielo a través de algún milagro.

> **No pregones lo que Dios ha hecho por ti. Mira lo que aún no ha hecho por ti porque no se lo has permitido.**

Ahora bien, deseo que observes que todas las aventuras espirituales fueron internas antes que externas. Estuvieron en el interior antes de poder salir al exterior. Este fuego de anhelo, esta rienda de ansias, este deseo por explorar las colinas de Dios en busca de nuevos cargamentos de oro, se experimentó primero en el interior antes que en el exterior, y lo exterior simplemente fue secundario. Si fueras a estudiar a Abraham, a alguno de estos hombres que he mencionado o a alguno de tus héroes a través de los años, descubrirías que todo ocurrió dentro de ellos antes que se exteriorizara. Algo debió suceder por dentro antes que hubiera algún cambio por fuera. Puedes hacer todo tipo de cambio en el exterior sin que experimentes ninguna transformación que conmueva por dentro al corazón. Al menos es técnicamente posible ser misionero, ir al campo y pasar una vida allí, pero nunca haber salido de tu pequeño terreno en tu propia vida espiritual. Esto es perfectamente posible.

En cierta ocasión un misionero jubilado se acercó y se arrodilló en el altar donde yo predicaba. Al principio dudé en acercármele porque acababa de honrarlo. Él era un anciano misionero que había pasado toda la vida en el campo en África.

—¿Qué quieres, hermano? —le pregunté, cuando finalmente me acerqué a él.

—Hermano Tozer, tú me conoces —respondió—. He pasado toda una vida como misionero, pero nunca he sido lleno del Espíritu Santo. No sé nada sobre Él. Nunca he sido un cristiano lleno del Espíritu.

Este hombre salió al campo misionero en su cuerpo, pero no hizo el viaje en su alma. No estoy pidiéndote que hagas un viaje a pie. Puedes dar la vuelta al mundo y regresar. Puedes estar entre los aborígenes y la etnia de los dani de la edad de piedra y aun así no hacer el viaje en tu corazón. Este es un viaje que involucra el corazón, no los pies.

Para aquellos que desean caminar más cerca de Dios, y que lo harán, quiero mencionar un poco más de lo que *La nube del no saber* declaró hace muchos años: «Anímate, pues, y frágil mortal como eres, trata de entenderte a ti mismo. ¿Piensas que eres alguien especial o que has merecido el favor del Señor?». Es como si el autor preguntara: ¿Qué eres, qué tienes y qué has merecido para ser llamado por nuestro Señor? Él advierte entonces: «¿Cómo puede ser tu corazón tan pesado y tan falto de espíritu que no se levante continuamente por la atracción del amor del Señor y el sonido de su voz?». Yo cuestiono: ¿Cuánto tiempo has sido un cristiano mediocre como muchos otros, midiéndote y juzgándote por cómo son los demás y agradeciéndole al Señor porque te convertiste? Sin embargo, aquí estás, frágil mortal, regodeándote en tu indolencia, a quien ni la atracción del amor del Señor ni el sonido de su voz ha despertado.

Algunos escuchan la voz de Dios; estoy muy seguro de eso. No tienes que preocuparte; su voz no te descarriará. Tienes tu Biblia. Algunas personas tendrían que recorrer un largo camino antes de llegar a convertirse, incluso en forma remota, peligrosamente fanáticas. El antiguo escritor continúa: «Lejos de engreírte, deberás ser cada vez más humilde y entregado a tu Señor al considerar que Aquel que es el Dios Todopoderoso, Rey de reyes y Señor de los señores, que tan mansamente se humilló ante ti, entre todo el rebaño de sus ovejas tan bondadosamente te eligiera para ser uno de sus amigos especiales».

**Si tan solo le permites obrar a Dios... Él encenderá tu corazón, te bendecirá y...te conducirá a un estado de anhelo especial de ir tras Él en tu vida espiritual.**

Si Dios ha puesto algo en tu corazón, como un deseo de emigrar, un anhelo de levantarte y declarar: «Señor, si me diriges por medio de las Escrituras y el Espíritu, iré adelante. He permanecido aquí y te escuché decir: "Has morado durante mucho tiempo en este lugar. Levántate y ve a una tierra que te mostraré"». Si has oído eso, Dios en su gracia te ha llamado y te ha elegido para ser uno de estos especiales. Entonces «te ha conducido a suaves praderas y te ha alimentado con su amor». Algunos de los hijos de Dios no se encuentran en las suaves praderas. Si tienen un anhelo, este muere después del primer sermón que escuchan o de la primera canción que oyen, porque nadie los ha preparado. Dios no solo te ha llamado, sino que te conduce a suaves praderas y te alimenta con la dulzura de su amor. Entonces viene ese pasaje: «Espera el mañana y deja el ayer. Deja lo que queda atrás. Trata más bien de alcanzar lo que tienes por delante».

Hace años yo estaba estudiando otras religiones como hinduismo, budismo y zoroastrismo, y otras más de Oriente. Mientras leía acerca de los Upanishads, los escritos de los hindúes, encontré un pasaje que me pareció muy bonito, y dice: «Aquellos de vosotros, estudiantes que están ocupados aprendiendo textos y no viviéndolos, son como el individuo que cuenta el ganado ajeno, pero que no tiene una novilla propia». Yo traduciría eso diciendo que muchas personas hacen eso hoy día. Cuentan el ganado de otros. Aprenden teología, escatología y todas las demás «ologías», pero no tienen una sola vaquita propia. Solo tienen algo que pertenece a otra persona. Ahora el antiguo escritor expresa: «Mira lo que te falta y no lo que tienes». No empieces a contar lo que tienes en Cristo, empieza a preguntarte qué tienes en ti mismo. El problema que la Iglesia enfrenta hoy día es conseguir que lo que tenemos en Cristo se integre en nosotros. Es un problema al que le prestamos muy poca atención en la iglesia.

El escritor ahora dice que, si vas a hacer algo al respecto, si dejas lo que queda atrás y tratas más bien de alcanzar lo que tienes por delante, como el apóstol Pablo dijo que hizo, entonces mira adelante y olvida lo que queda atrás. Vas a tener que comenzar a tratar con dónde no has estado y no con dónde ya estuviste. No pregones lo que Dios ha hecho por ti. Mira lo que aún no ha hecho por ti porque no se lo has permitido. *La nube* declara: «Si quieres crecer has de alimentar en tu corazón el ansia viva de Dios. Si bien este deseo vivo es un don de Dios, a ti corresponde alimentarlo». El autor está diciendo: de aquí en adelante, en lugar de relajarte y tomar las cosas con calma, vas a buscar en Dios un deseo anhelante por Él, como el que Pablo tenía y como el que este hombre tenía, como Faber tenía, como Fénelon tenía y como el de Samuel Rutherford y de todas las almas grandiosas y superiores. «Si quieres crecer has de alimentar en tu corazón el ansia viva de Dios».

*La nube* sigue diciendo: «Centra tu atención y deseo en Él y deja que sea esta la única preocupación de tu mente y tu corazón», deseo este que te llega por la mano de Dios y por tu consentimiento. ¿Sabes por qué no tienes el deseo? Porque no permites que Dios te lo conceda. Te viene por la mano de Dios y por tu consentimiento. Dios declara: «Heme aquí, listo para derramar en tu corazón un poco de fuego líquido». Y respondemos: «No, Dios, discúlpame, si hago eso me volvería alguien extraño. Me convertiría en un fanático. Además de eso, tendría que despojarme de algunas cosas», y no dejamos que el Señor obre. Queremos su cielo, los beneficios de su cruz y el puente sobre el infierno, pero no permitiremos que Él encienda el amor de nuestro deseo. Él afirma que cualquier deseo que tengas debe provenir de la mano de Dios y por tu consentimiento.

El antiguo escritor brinda un pensamiento adicional. Es algo hermoso. Así expresa: «Todo lo que pide de ti es que pongas tu amor en Él y que le dejes a Él obrar». ¿Entiendes esto? Pon tu amor en Dios y déjalo obrar. Si tan solo le permites obrar a Dios, ya no lo detienes más ni lo entorpeces, Él encenderá tu corazón, te bendecirá y te sacará del estado común en que se encuentra la mayoría de los cristianos, y te conducirá a un estado de anhelo especial de ir tras Él en tu vida espiritual. Él comenzará a encenderse como el sol naciente, porque «la senda de los justos es como la luz de la aurora, que va en aumento hasta que el día es perfecto» (Pr. 4:18). Si trabajas junto con Dios, cualquier anhelo que tengas viene de Él. No olvides eso. No se trata de algo tuyo ni tienes derecho de reclamarlo. Si no lo tienes, es porque no se lo has permitido, porque Él lo pone en tu corazón por su mano y por tu consentimiento. Y después de todo, su deseo es que «pongas tu amor en Él, y que le permitas actuar».

El autor termina uno de sus escritos, y ahora cierro el mío por el momento, con estas palabras: «Sigue adelante y veamos cómo lo soportas. Dios está completamente listo». No tienes que convencer a Dios. ¿No es maravilloso saberlo? No tenemos que arrodillarnos, persuadir a Dios ni rogarle como un niño le suplica a un padre reacio. Él está listo; así lo afirma. Simplemente te espera, y lo único que debes hacer es seguir adelante y Él estará totalmente listo. Él simplemente te espera. Quiere que lo observes y le permitas obrar.

**No le digas a Dios qué debe darte. Él es el médico y tú el paciente. Míralo y déjalo obrar.**

Esto de observar a Dios y dejarlo obrar no es según la manera moderna en que cree la mayoría de los cristianos. Creemos que Dios hace el trabajo duro y que está feliz de tener nuestra ayuda. Pero el escritor dice: «Pon tu amor en Él y déjalo obrar». Pon tus manos a tus costados y no le digas a Dios dónde actuar. No le digas a Dios dónde frotar. No le digas a Dios qué debe darte. Él es el médico y tú el paciente. Míralo y déjalo obrar. Esta es una maravillosa doctrina.

Todos hablaban de A. B. Simpson, pero no siempre estaban de acuerdo con él. Creían que era un poco raro, pero les alegraba revisar sus libros y leerlos porque él decía que debemos dejar que Dios actúe. El apóstol Pablo también lo creía cuando dijo que Dios «produce así el querer como el hacer» (Fil. 2:13). Así que, obsérvalo y permítele obrar.

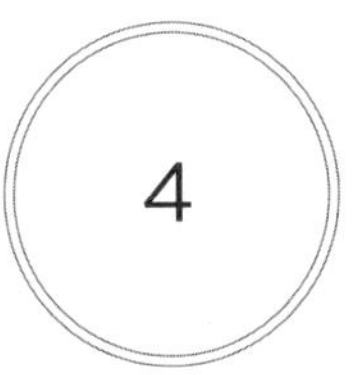

# CÓMO DESCUBRIR A CRISTO

Aunque he estado basando mi enseñanza en Filipenses 3, también estoy permitiendo que el autor del libro de seiscientos años de antigüedad, *La nube del no saber,* nos ayude un poco en el camino. De esta antigua literatura espiritual he extraído dos lemas para el crecimiento espiritual. El primero fue: «Deja lo que queda atrás. Trata más bien de alcanzar lo que tienes por delante». Esto parece entenderlo la mayoría de las personas. El segundo lema que mencioné fue: «Dios quiere que deposites tu amor en Él, así que obsérvalo y permítele obrar». Ahora me gustaría darte un dicho adicional digno de tu atención: «Ten en cuenta esto: Dios es un amante celoso. Está actuando en tu espíritu y no tolerará sucedáneos».

He mencionado que hay cuatro etapas identificables que un cristiano puede alcanzar en su viaje espiritual. La primera etapa puede describirse simplemente como la del cristiano común y corriente, sobre la cual ya he escrito. Me gustaría hablar de algunas ideas adicionales acerca de la etapa llamada el «cristiano especial» que presenté en el capítulo anterior. En capítulos futuros examinaremos lo que nuestro escritor no identificado llama el «cristiano singular». Finalmente hay una cuarta etapa en que el cristiano ha avanzado hacia Dios hasta empezar a ser perfecto o realmente completo. Tanto Pablo como el antiguo escritor creían que, aunque podemos comenzar este cuarto estado en la tierra, la vida de perfección o plenitud espiritual no se realizará a cabalidad hasta que la alcancemos en la felicidad del cielo.

El apóstol Pablo es nuestro ejemplo. Él declara su deseo de llegar a conocer a Cristo. La palabra *conocerle* que se encuentra en el versículo 10 significa estar al tanto o tener información de Él. También significa experiencia. Tiene estos dos significados: estar al tanto y haber experimentado. Es posible que conozcas a una persona y que no hayas tenido experiencias con ella en ningún sentido de la palabra. Por ejemplo, si te presento un amigo podrías decir que lo conoces, pero que no has tenido experiencias con él en el sentido que yo las he tenido. Yo he viajado con él, predicado con él, orado con él y pasado muchas horas conversando con él. Hay una diferencia entre conocer y tener experiencias.

Una cosa es conocer a Dios, pero experimentarlo con intensidad y riqueza de conocimiento es algo más. Pablo afirmó que quería conocerlo con esa profundidad y gran intensidad de experiencia porque, como a menudo he dicho, la personalidad no se puede conocer completamente en un solo encuentro. Puedes conocer a una persona que al principio no te gustó en particular, pero que te llega a gustar después a medida que descubres sus potencialidades ocultas en su personalidad que no apreciaste al principio.

Los cristianos debemos entender que poseemos la capacidad de lograr una intimidad cada vez mayor en conocer a Cristo. Una de nuestras mayores debilidades en la Iglesia Evangélica es que no tenemos gran intimidad de conocimiento de Cristo; ni siquiera hablamos de eso. Ni siquiera hemos oído hablar al respecto. No encontramos esto en la mayoría de nuestros medios modernos de comunicación. Peor aún, este anhelo, este deseo de conocerlo en mayor medida no se encuentra en nuestras iglesias actuales.

Me gustaría señalar que realmente podemos disfrutar un conocimiento cada vez mayor de *Eso.* Quiero que entiendas mi uso de la palabra *Eso.* Dirías: «Pero Jesucristo es *Él,* una persona. ¿Por qué lo llamas "Eso"?». Tal vez no lo comprendas ahora, pero como Pablo dice, si cambias tu manera de pensar, Dios te revelará su voluntad. Antes que podamos conocer a Dios como Él, debemos conocerlo como Eso. Creo que todo teólogo estaría de acuerdo conmigo en ello. En Lucas 1:35, encontramos lo que se le dijo a la virgen María: «*también el Santo Ser que nacerá, será llamado Hijo de Dios*». Como si le hubiera dicho: *Eso* que nacerá de ti.

**Dios quiere que deposites tu amor en Él, así que obsérvalo y permítele obrar.**

Juan no era un teólogo aficionado. Este hombre que recostó la cabeza sobre el pecho de Jesús se refiere en su maravillosa primera epístola a *Eso*: «Lo que era desde el principio, lo que hemos oído, lo que hemos visto con nuestros ojos, lo que hemos contemplado, y palparon nuestras manos tocante al Verbo de vida» (1 Jn. 1:1). Aunque podemos reemplazar «lo» por «eso», la personalidad aún no se encuentra ahí, sino más adelante: «(porque la vida fue manifestada, y la hemos visto, y testificamos, y os anunciamos la vida eterna, la cual estaba con el Padre, y se nos manifestó); lo que hemos visto y oído, *eso* os anunciamos, para que también vosotros tengáis comunión con nosotros; y nuestra comunión verdaderamente es con el Padre, y con su Hijo Jesucristo» (1 Jn. 1:2-3). Es en la séptima palabra del versículo 3 que Juan pone allí la personalidad: es «eso» lo que nos anuncia.

Recuerda, Jesucristo es una persona. Él es el Hijo, el Hijo eterno. También es el origen de todo. Es el fundamento y la fuente del disfrute para el que tú y yo fuimos creados. Es el principio de toda verdad... pero es más. Es la verdad misma. Es el nacimiento y el manantial de toda belleza, pero es la belleza misma. Es el principio de toda sabiduría, pero es más. Es la sabiduría misma, y en Él están escondidos todos los tesoros de la sabiduría y el conocimiento. Él es la fuente de toda gracia. Es el comienzo y el origen de toda vida. Pero es más que eso. Jesús afirmó: Yo soy el Pan de vida y yo soy la Vida. Él es la fuente del amor. Pero es más que eso. Él es amor. Él es la resurrección y es la inmortalidad. Además, es como dice el cántico, «resplandor de la gloria de mi Padre, sol radiante del rostro de mi Padre».

En vista de quién es Él, ahora debemos considerar quiénes somos nosotros y debemos tratar de entender el origen de nuestra condición espiritual, a menudo débil. Es importante que tratemos de descubrir lo que nos pasa cuando empezamos a retroceder en grupos, denominaciones, iglesias y como individuos. Creo que nuestro Señor Jesús dio en el clavo cuando advirtió que hemos dejado nuestro primer grado de amor. No nuestro primer amor consecutivamente en el sentido de que hay amor número uno, número dos y número tres, sino que se refirió a nuestro primer grado de amor. En todo mi ministerio de predicación he intentado conseguir en la iglesia de Jesucristo un redescubrimiento de la hermosura del Salvador, para que comencemos a amarlo otra vez con una intensidad de amor como el que nuestros padres conocieron. He afirmado muchas veces que el poder y la grandeza de A. B. Simpson no estaban en su teología, sino en el amor insaciable por la persona de Jesucristo el Señor.

Hay dos estrofas en la canción «Cristo divino, Hijo unigénito» que a menudo no apreciamos. La primera dice:

*Cristo divino, Hijo unigénito*
*gran Creador y fiel sostén.*
*Siempre he de amarte. Siempre servirte.*
*Mi gozo, mi corona y bien.*

Sabemos de una y dos más, pero hay otras estrofas que no entendemos por completo. Una de ellas expresa:

*Los campos bellos cubren el suelo*
*de lozanía y floración;*
*Jesús, empero, siempre es más bello;*
*hace cantar el corazón.*

Contempla el mundo, tu familia, tus amigos, tus seres queridos, toda la adorable belleza de los niños y jóvenes apreciada en los días despejados de la tierra. Sin embargo, la sinceridad y el realismo nos obligan a decir que deben perecer. Todo desaparecerá pronto. Y cuando haya desaparecido, solo nos quedará Jesús, el único que permanece para siempre.

Otra estrofa dice:

*Más que la aurora fulge tu rostro*
*con hermosura de lirio en flor.*
*Magnificencia incomparable*
*eres mi Cristo, mi Señor.*

Algunos amigos me han criticado porque no me emociono por las posesiones terrenales ni me disgustan. No puedo mostrar asombro por un auto nuevo o por algo más. Simplemente, no puedo. Cuando has visto la casa o la ciudad que tiene cimientos cuyo constructor y hacedor es Dios, no puedes emocionarte por ninguna casa de este mundo construida por hombres. Se ha dicho que Abraham vio la ciudad que tenía cimientos cuyo constructor y hacedor fue Dios, y después de eso no pudo construir una casa. Aseguró que viviría en una tienda hasta que recibiera su morada allá arriba. El atractivo más hermoso de la tierra y el esplendor más brillante del cielo se manifiestan en Jesucristo. Y todo lo que aquí brilla, declina rápidamente delante de la pureza inmaculada de Él. Eso es lo que un hombre dijo acerca de Jesús.

Quiero decir que cuesta conocer de ese modo a Jesucristo. Cuesta, y la mayoría de las personas no está dispuesta a pagar ese precio. Por eso es que la mayoría de los cristianos son comunes y corrientes. No siguen adelante porque se han rendido a cosas perniciosas, cosas que son dañinas, inmundas y muy inmorales. Por lo general, dentro del fundamentalismo hemos abandonado cosas tremendamente pecaminosas. Por amor a Cristo hemos renunciado a esas cosas nocivas. Pero esta es la característica de un cristiano común: el hombre que nunca ha ido más allá de lo que es un cristiano mediocre.

Pablo renunció a lo bueno y lo malo. Expresó que no solo abandonaba lo malo, sino también lo que representaba ganancia para él. Contó esto como pérdida. Afirmó que había renunciado incluso a lo que tenía derecho: aquellas cosas que había ganado y hacia las cuales sentía que tenía todo el derecho legal y moral de conservar y decir: «esto es mío y el cristianismo no me lo va a quitar». Aseguró que había renunciado a eso porque había visto algo mucho mejor. Se trataba de *Eso* que estaba con el Padre. Era esa Fuente, ese principio del que fluye toda sabiduría, belleza, verdad e inmortalidad. Así que, por *Eso* renunció a todo. Pablo sabía que el corazón humano es idólatra y que adorará todo lo que posea. Cualquier cosa que tengas en las manos la adorarás.

A menudo insistimos en aferrarnos a las cosas, y adoraremos aquello a lo que nos aferremos. Las posesiones presentan el verdadero peligro de interponerse entre nosotros y Dios, trátese de propiedades, familia, reputación, seguridad o la vida misma. Jesús nos enseñó que ni siquiera podemos aferrarnos a nuestra propia vida. Aseguró que si hacemos de nuestra vida en la tierra algo a lo que no renunciaremos y a lo que nos aferraremos, eso se interpondrá en nuestro camino y al final nos perderemos. Él enseñó eso claramente.

**Una cosa es conocer a Dios, pero experimentarlo con intensidad y riqueza de conocimiento es algo más.**

Lo siguiente es aferrarse a la seguridad. Siempre queremos estar seguros. Pablo no lo estaba. Expresó que moría a diario. Estuvo como náufrago en el mar durante tres semanas, noche y día, y siempre sufrió dificultades. Tenemos este deseo de seguridad. Queremos seguridad en esta vida y seguridad eterna en el mundo de arriba. Eso es fundamentalismo: seguridad aquí y seguridad eterna allá. Pablo enseñó que lo entregaba todo. Rechazó y repudió todo.

Sin embargo, hay ciertas cosas que Dios le permitió tener. Le permitió tener uno o dos libros. Le permitió tener un abrigo, una capa. Le permitió tener su propia casa alquilada durante dos años, así como otras cosas. Pero Pablo nunca permitió que esas cosas le conmovieran el corazón. Cualquier tesoro externo que conmueva nuestro corazón es una maldición. Pablo declaró que renunciaba a todo para conocer a Cristo; para poder avanzar hacia una intimidad cada vez más profunda y enriquecida con enormes extensiones de conocimiento de Aquel que es infinito e ilimitable en su belleza. Su anhelo profundo era poder conocerlo. Al renunciar a todo, Pablo nunca permitió que algo le conmoviera el corazón.

En círculos cristianos nos han enseñado que Cristo es algo para añadir a una vida feliz, jovial, bastante limpia, pero mundana y terrenal; algo para salvarnos del infierno y entrar a las mansiones celestiales. Pero esa no es la forma de ver las cosas en el Nuevo Testamento. No es el modo en que Pablo veía la experiencia; él decía que Jesucristo era tan infinitamente atractivo que nada más importaba, es decir, nada era más valioso que el Señor. Pablo era un hombre instruido. Aprendió a los pies de Gamaliel. Tenía lo que ahora llamaríamos un doctorado. Pero lo describió como pérdida, incluso como basura, como algo («que no sirve») y lo dejó todo atrás. Pablo enumeró sus logros: «circuncidado al octavo día, del linaje de Israel, de la tribu de Benjamín, hebreo de hebreos; en cuanto a la ley, fariseo; en cuanto a celo, perseguidor de la iglesia; en cuanto a la justicia que es en la ley, irreprensible. Pero cuantas cosas eran para mí ganancia, las he estimado como pérdida por amor de Cristo. Y ciertamente, aun estimo todas las cosas como pérdida por la excelencia del conocimiento de Cristo Jesús, mi Señor, por amor del cual lo he perdido todo, y lo tengo por basura, para ganar a Cristo» (Fil. 3:5-8).

Dejemos que *La nube del no saber* vuelva a hablarnos. El antiguo escritor declara: «Ten en cuenta esto: Dios es un amante celoso. Está actuando en tu espíritu y no tolerará competencia de ninguna clase». Eso es lo que nos pasa. Hemos permitido que surjan rivales. Nadie que se respete a sí mismo tolerará competidores, y el autor dice que Dios no los tolerará. Con un lenguaje antiguo, él expresa que «Dios no quiere influir en tu voluntad, sino contigo solo, tú y Él». En el idioma actual afirma que Dios no actuará en tu voluntad a menos que únicamente pueda estar allí solo. Tenemos demasiados dioses. Tenemos demasiadas marcas en el fuego y mucha teología que no entendemos. Tenemos demasiada religión, considerable «eclecticismo» y descomunal institucionalismo. El resultado es que Dios no está allí por sí mismo. Él dice. «Si no estoy en tu corazón sin que haya nada más allí, no actúo». Jesucristo actuará una vez que tengas todo limpio en el templo y solo Él more allí.

François Fénelon hablaba de que su Dios trabajaba como un minero en las profundidades de la tierra. ¿Has estado alguna vez en una mina de carbón, en las profundidades de la tierra, donde se extrae carbón, oro o diamantes? Cualquiera puede volar, andar o viajar por encima sin siquiera imaginar lo que sucede en lo profundo de la colina; sin saber que, en forma invisible, por debajo de ese cerro, hay una fuerza inteligente esforzándose por sacar joyas. Y así manifestó Fénelon: eso es lo que Dios hace en el pecho humano. Trabaja oculto y sin ser visto dentro del pecho. Pero somos dramáticos en nuestros días. No queremos que Dios actúe a menos que venga con gran fanfarria. Queremos que sea teatral y haga cosas con mucho color y fuegos artificiales. Dios no actúa de esa manera.

Dios dice: «No, no, no, tú, hijo de Adán, hijo de la carnalidad y la lujuria. Tú que amas la buena exhibición de la carne. Que te han educado mal y tienes ideas erróneas acerca de mi Hijo. No, no obraré en ti». Y Jesús añade: «No puedo hacerlo. Lo siento. No puedo obrar en ti, en tu voluntad o en tu corazón a menos que pueda estar allí solo». Es posible que debamos limpiar nuestro templo ocupándonos, echando fuera el ganado, molestando a los cambistas, sacando la suciedad y deshaciéndonos de muchas cosas que están rivalizando con el Señor Jesucristo. Recordemos el lema: «Dios es un amante celoso. Está actuando en nuestro espíritu y no tolerará competencia de ninguna clase».

*La nube del no saber* sigue diciendo: «Eleva tu corazón al Señor; con un suave movimiento de amor, deseándole por sí mismo y no por sus dones. Centra tu atención y deseo en Él y deja que sea esta la única preocupación de tu mente y tu corazón... Has de llegar a abominar y detestar todo lo que ocupa tu mente excepto a Dios». Revisé las palabras «abominar» y «detestar» en el diccionario. Significan no querer, no estar dispuesto, renegar. Esto nos remonta al punto de partida, cuando dije lo que A. B. Simpson en días anteriores hablaba sobre «Jesucristo Señor». Simpson influyó en su generación y la bendijo porque habló de «Jesús mismo». A Él mismo es a quien necesitamos.

**Las posesiones presentan el verdadero peligro de interponerse entre nosotros y Dios, trátese de propiedades, familia, reputación, seguridad o la vida misma.**

El doctor Simpson lo expresó bien en un mensaje que dio en una conferencia bíblica en Londres y más tarde compuso un himno con el mismo nombre. Se cuenta cómo se levantó y tomó dos palabras para cada texto: *Jesucristo Señor*. Y dio su testimonio sobre cómo había intentado obtener la victoria. Manifestó: «A veces la obtenía y creía que la tenía, y entonces la perdía». Simpson siguió diciendo: «Entonces llegué al conocimiento de que la victoria, la santificación, la liberación, la pureza, la santidad, todo tiene que ver con Él mismo». Después afirmó que le fue fácil y la gloria vino a su vida. Luego escribió su famoso himno:

*Antes bendición pedía, ahora busco a Dios;*
*antes lo que sentía, ahora su Palabra vivo yo;*
*antes sus dones buscaba, ahora es al Dador;*
*antes la sanidad, ahora solo al Señor.*

Tiene que haber más de Jesús en estos días. Por desgracia, el cristianismo se ha convertido muy a menudo en una forma de conseguir cosas de Dios. Algunos dan un diezmo del 10% para que sus nueve décimos alcancen más que el décimo que dieron. Si un hombre quiere ser un empresario y utilizar a Dios, está bien, pero eso no es lo que la Biblia enseña ni de lo que Pablo habló. Él había renunciado a eso años antes. Tampoco es aquello de lo que el antiguo escritor de *La nube del no saber* habló, refiriéndose a Él mismo. Declaró: «Haz todo lo que esté en tu mano para olvidar todo lo demás, procurando que tus pensamientos y deseos se vean libres de todo afecto a las criaturas del Señor o a sus asuntos tanto en general como en particular. Quizá pueda parecer una actitud irresponsable, pero, créeme, déjate guiar; no les prestes atención».

Existe el peligro de que el cristiano llegue al punto en que haga del cristianismo una forma de obtener una vida próspera aquí abajo y luego asegurarse también una mansión en el cielo. Cualquiera que sea el caso, sales ganando. Si sigues al Señor, prosperarás aquí abajo. Amigo, seguir al Señor no siempre significa obtener prosperidad financiera. A lo largo de los años, seguir al Señor ha significado contar esas cosas como pérdida por la excelencia del conocimiento de Cristo. Cuando una persona prospera a pesar de sí misma y aprende el camino de Dios, lo entrega todo, tanto como puede, y se queda con lo suficiente para vivir. Tiene, gracias a Dios, todo lo básico para sustentar la vida, y más allá de eso no se preocupa demasiado.

A menudo hemos visto que al cristianismo lo presentan como un medio o una técnica para conseguir bienes terrenales. Al apóstol Pablo no lo engañaban, así que manifestó: «Y ciertamente, aun estimo todas las cosas como pérdida por la excelencia del conocimiento de Cristo Jesús, mi Señor, por amor del cual lo he perdido todo, y lo tengo por basura, para ganar a Cristo… a fin de conocerle, y el poder de su resurrección» (Fil. 3:8-10). Bueno, Pablo dijo que todo tiene que ver con Dios mismo. Renuncia a todo lo demás; no le prestes atención.

A muchos les gustaría tener una vida espiritual más profunda que se pudiera adquirir por medio de una jeringa, o que fuera algo que les pudieran dar con un vaso de agua y una pastilla, con instrucciones de tomarla tres veces al día, pero sabemos que eso no es posible. Así es como algunas personas obtienen su religión. La quieren en forma de una pastilla o una cápsula. Compran libros para obtener así su religión. Amigo, no existe tal cosa. Hay una cruz. Hay una horca. Hay un hombre con la espalda lacerada. Hay un apóstol sin propiedades. Hay una tradición de soledad, debilidad, rechazo y gloria, pero no pastillas como algunos desean. Solo hay lo que afirmo: ¡Cristo mismo, Cristo mismo, Cristo mismo! Personalmente, no anhelo nada. Oro por algo, pero si no está dentro de la voluntad de Dios, no lo quiero. Si no está en la voluntad del Señor, no deseo nada; más bien me pongo a orar.

**Dios es un amante celoso. Está actuando en nuestro espíritu y no tolerará competencia de ninguna clase.**

Me gustaría recuperar, una vez más antes de morir, algo de la gloria que los hombres conocieron de la belleza de Jesús. Emma Hopper dijo en cierta ocasión: «Muchos nombres hermosos llevas» en un poema que escribió acerca de Jesús:

*Muchos nombres hermosos llevas,*
*Hermano, Pastor, Amigo y Rey,*
*pero ninguno a mi espíritu*
*tan divino apoyo le puede dar.*

*Ishi, Ishi es la joya,*
*mía es mientras los años pasan;*
*los ángeles saborean tal gloria,*
*Santo Ishi del alma.*

*Otras alegrías cortas y fugaces son;*
*Tú y yo nunca podremos separarnos;*
*Tú eres totalmente hermoso,*
*Ishi, Ishi de mi corazón.*

*Ishi* es el hebreo para «mi esposo» o «mi hombre». Una vez entonaron este cántico y, aunque creo que podríamos cantarlo aquí, no hay muchos lugares en que puedas hacerlo de veras, porque las personas no tienen la experiencia que transmite.

Siempre que una buena canción como esta se rechaza, por lo general se debe a que las personas no la entienden y la encuentran aburrida. Si solo te gusta la música moderna, no te gustará «Ishi». Y si te gusta algo como «Me cuida con ternura», no te gustará «Ishi».

*Ishi, Ishi es la joya,*
*mía es mientras los años pasan;*
*los ángeles saborean tal gloria,*
*Santo Ishi del alma.*

Esta es la enseñanza de la vida más profunda. Es dejar de lado a todas las criaturas que Dios ha hecho y ya no tratar de promover tu familia. Es dejar de promover tu negocio usando a Dios para hacerlo. Es dejar de usar a Dios para conseguir cosas, y a su vez dejar todo de lado menos a Dios. «Porque Dios no obrará en tu corazón a menos que pueda estar allí Él solo». Pon fuera todo lo demás. Podemos usar al Señor, o al menos tratar de utilizarlo para cualquier cosa. Lo que intento decir y lo que Pablo enseñó aquí y nos transmitió a través de los siglos hasta el día de hoy es exactamente lo opuesto. «¡Oh, Dios, no queremos nada que tengas; te queremos a ti!». Ese es el clamor del alma en su camino hacia lo alto. Ese es el grito del alma.

**Seguir al Señor no siempre significa obtener prosperidad financiera.**

En Inglaterra hay un ave llamada alondra. No la tenemos aquí. Lo más cerca que tenemos es lo que llamamos canario salvaje, el jilguero estadounidense, un pobre, pequeño y débil ejemplo de la alondra. Dicen que la alondra vuela cada vez más alto y canta mientras lo hace. Los poetas han escrito muchos versos sobre la alondra que sube y canta himnos a las puertas del cielo. A medida que se eleva hasta perderse de vista, aún se puede escuchar el canto, aunque no se la pueda ver mientras asciende y canta.

Amigo mío, si tienes dos rodillas, e incluso si estás agarrotado por la artritis y te cuesta arrodillarte, puedes levantar la mirada en tu corazón. Orar no es ponerse de rodillas. Es elevar el corazón a Dios. Eso es lo único que un ser humano necesita. Puedes orar en una prisión. Puedes orar en un avión. Puedes orar en cualquier parte y adorar a Dios, porque es a Él mismo a quien queremos, a Dios mismo.

*El amor se posa en los párpados del Señor y esparce deleite*
*por todas las amplias regiones de lo alto;*
*los querubines cubren sus rostros con velo delante de Él,*
*y tiemblan con arrebatos de amor.*
—Joseph Swain, 1791

El único tipo de avivamiento que me interesa, incluso remotamente, es el que hará que las personas se estremezcan de éxtasis en la presencia del Señor Jesucristo. Eso es todo. ¿Estás de acuerdo?

El antiguo escritor de *La nube del no saber* afirma que si vas a continuar y ahora conoces a Dios en su plenitud, levántate, muévete, eleva tu corazón a Dios, deja atrás las cosas y el deseo de tener propiedades y búscalo solo a Él. Deja que Él obre en ti sin que haya competencia alguna. El autor de *La nube* afirma en sus propias palabras: «Cuando pones tu amor en él y te olvidas de todo lo demás, los santos y los ángeles se regocijan y se apresuran a asistirte en todos los sentidos, aunque los demonios rabien y conspiren sin cesar para perderte». Ni siquiera llegarás a la esquina sin que algún demonio te persiga. Si quieres seguridad, no busques a Dios. Si quieres seguridad, el diablo te la dará por un tiempo y luego te enviará al infierno. Si te asustan los demonios y todo lo demás, no intentes buscar a Dios. Pero él continúa diciendo, y me gusta: «Persevera, pues, hasta que sientas gozo». *Perseverar* significa que nada te obstaculizará. No permitas que te obstaculicen en tu búsqueda de Dios, «hasta que sientas gozo». Todos estos santos antiguos eran hombres prácticos. La gente moderna afirma que ellos eran soñadores. No lo fueron. Fueron hombres prácticos. El autor dice que cuando empiezas a buscar una nueva cima y te conviertes en algo más que un cristiano común y corriente, lo primero que enfrentarás es al diablo tratando de detenerte. El antiguo santo exhortó a sus lectores a no detenerse debido a eso, sino a seguir adelante, les guste o no.

**Orar no es ponerse de rodillas. Es elevar el corazón a Dios... Puedes orar en una prisión. Puedes orar en un avión. Puedes orar en cualquier parte.**

Hay dos momentos para orar: cuando quieres hacerlo y cuando no quieres hacerlo. Los antiguos santos sabían esto. Sabían que hay ocasiones en que es necesario hacerlo, por lo que el escritor anónimo lo llama sentir «un puro impulso hacia Dios en las profundidades de tu ser». Eso es lo que necesitamos, un impulso puro de conocer a Dios, de conocer a Cristo, de poner el mundo bajo nuestros pies, de poner las cosas bajo nuestros pies, de poner a las personas bajo nuestros pies, de abrir nuestros corazones al único Amante, el Hijo mismo de Dios, y mantener todo lo demás fuera de nosotros. Podemos tener todas las relaciones: esposo y esposa, padre e hijo, madre e hija, empresario y socio, contribuyente y ciudadano. A todo eso lo mantenemos fuera de nosotros. Pero en lo profundo de nuestros corazones solo tenemos un Amante, y Él no admite competencia alguna.

Ahora bien, ¿por qué Dios nos obliga a hacerlo así? Es con la intención de que nuestra comprensión y nuestra razón se derrumben, y todos nuestros argumentos sean lanzados sobre Dios. A partir de ahí subimos y subimos. A menudo he dicho que no creo que nadie haya sido lleno con el Espíritu Santo sin atravesar un tiempo de terrible oscuridad, una época en la que el autor denominó una nube de no saber, una nube de sombra de la que parecía que no podíamos salir. Pero creímos en Dios, confiamos en Cristo y, sea que nos gustara o no, seguimos adelante y creímos; obedecimos, oramos cuando sentimos hacerlo y también lo hicimos cuando no sentimos hacerlo. Obedecimos e hicimos lo que debíamos, arreglamos las cosas y ajustamos nuestros negocios, nuestro hogar y nuestras relaciones. También dejamos de hacer cosas inapropiadas y renunciamos a las que habían estado estorbándonos, sea que lo sintiéramos o no. El autor afirma que se trata de un impulso puro hacia Dios.

He aquí algo extraño: si hablamos de misticismo en la época

en que vivimos, todo fundamentalista levantará las manos y dirá: «Vamos, ustedes no son más que soñadores. Creen en la emoción y los sentimientos».

Todo escritor antiguo a quien he leído enseñó que debes creerle a Dios mediante un impulso puro y frío de tu voluntad; luego sigue todo lo demás. ¿Es posible que descubras que las doctrinas duras, frías y cuadradas de la teología no bastan? ¿Es posible que individuos en todas partes estén buscando algo mejor? Sí, es posible, totalmente posible, más que posible. Pero recuerda que sientes «un puro impulso hacia Dios en las profundidades de tu ser».

**Hay dos momentos para orar: cuando quieres hacerlo y cuando no quieres hacerlo.**

¿Tienes un puro impulso hacia Dios? De ser así, esto traerá la cruz a tu vida. Si vas a ser esa clase de cristiano, no permitirás que nadie te detenga o te engañe. Seguirás adelante y, sea que te guste o no, vas a creer de todos modos. Seguirás orando a través del impulso frío y puro hacia Dios, creyendo la verdad. Y, de tu aflicción pétrea, Él levantará un Betel. Del sepulcro, te elevará al cielo. De la oscuridad, te exaltará a la Vida.

Si tú y yo alcanzamos a Jesús, obtendremos todo el gozo, el deleite y lo demás. A menudo me ven como un hombre duro en algunos sentidos, pero hay ocasiones en que el gozo del Señor eleva muy alto mi corazón. Hay momentos en que hay tal alegría y exaltación hacia Dios que yo podría gritar mi gozo. ¿Quieres aquello de lo que estoy hablando? Espero que sí. Espero que tu deseo sea pasar del nivel bajo del cristiano común y mediocre para llegar a conocer a Jesús y el poder de su resurrección, la comunión de su sufrimiento y la excelencia de su conocimiento en vuelos crecientes de elevación espiritual.

# INTENCIONES SUPERIORES

En nuestro estudio basado principalmente en Filipenses 3, el apóstol Pablo cuenta su testimonio personal que la obra de Dios estaba haciendo en su vida. Al hacerlo, nos narra una serie de objetivos espirituales. En vista de esto, cada seguidor serio de Cristo también debe considerar con cuidado estos objetivos. Uno de ellos es conocer a Cristo. Otro es ganarlo y conocer el poder de su resurrección. Es ser conformado a su muerte. Es experimentar en nosotros lo que tenemos en Cristo. Y para hacer eso debemos contar todo como pérdida por la excelencia de este conocimiento.

En el primer capítulo de este libro leí la oración del autor anónimo de *La nube del no saber*, quien afirma querer que Dios nos ayude de tal manera que podamos tener los impulsos de nuestro corazón tan limpios que podamos amar perfectamente a Dios y alabarlo dignamente. Deseo preguntarte: ¿No parece fanatismo que, desde la perspectiva del Nuevo Testamento, busquemos un lugar en Dios donde podamos amarlo perfectamente, alabarlo dignamente y estar unidos con Él no solo de manera judicial sino también experimental?

¿No debemos concordar tanto con Pablo como con el antiguo escritor en que podríamos conocer a Cristo, ganarlo, conocer su poder, conformarnos a su muerte y así obtener una resurrección superior? ¿No es también espiritualmente razonable que experimentemos dentro de nosotros lo que las Escrituras claramente dicen que tenemos en Cristo y estar unidos con Él tanto de manera experimental como judicial aquí en este mundo actual? Si es así, ¿por qué no nos relajamos y aseguramos que esto no es fanatismo, sino claramente cristianismo del Nuevo Testamento? El Espíritu Santo parece tener aquí un doble objetivo, uno de los cuales es convencer a los cristianos de que lo que estoy enseñando es posible y luego guiarlos como Josué llevó a Israel al interior de la tierra prometida.

Ahora bien, no es muy complicado llevar a cabo el primero de estos aspectos, es decir, convencer a los cristianos de que lo que estoy enseñando no es difícil sino que es posible en esta vida, porque hay algunos que están listos a aceptarlo de manera voluntaria, con la excepción de unos pocos intransigentes. Universidades, colegios, institutos bíblicos y congresos de todo tipo de tendencia evangélica y fundamentalista están pidiendo esta enseñanza. No es difícil convencer a los cristianos de que estas cosas son ciertas, pero es imposible adentrarlos en ellas. Para los hombres es totalmente imposible, pero no lo es para el Espíritu de Dios. Porque debe ser el Espíritu Santo quien nos lleve a este lugar al que llamamos una clase especial de cristiano, superior y diferente del cristiano común.

Hace más de trescientos años, el antiguo santo François Fénelon manifestó: «Una mente persuadida e, incluso, un corazón bienintencionado están muy lejos de la práctica exacta y fiel». Nada ha sido más común en todas las épocas, y aún más hoy día. Nada ha sido más común que conocer almas que son perfectas y piadosas en especulación. Sin embargo, el Salvador del mundo asegura que las conoceremos por sus obras y por su comportamiento. Fénelon dijo: «Esta es una regla que nunca engaña y por la cual debemos juzgarnos».

Quiero darte otra frasecita de *La nube del no saber* que también resume la enseñanza de la Biblia: «Cualquiera que por gracia pueda ver lo que está oculto, que vea». Quiero recordar esto. «Cualquiera que por gracia pueda ver lo que está oculto, que vea», o dicho en nuestro lenguaje moderno, solo puedes ver las cosas ocultas por la gracia de Dios. Para decirlo en el lenguaje de las Escrituras, «el que tiene oídos para oír, oiga» (Mt. 11:15). El que tiene ojos para ver, que vea, porque se habla de ojos en lugar de oídos. Cualquiera que por gracia pueda ver lo que está oculto, que vea. Dios hace a un lado a aquellos que no pueden ver para poder guiar por gracia a los que sí pueden ver. Recuerda que, aunque Israel sea como la arena de la playa, solo un remanente se salvará. Y el Señor dijo que «cuando venga el Hijo del Hombre, ¿hallará fe en la tierra?» (Lc. 18:8). «El amor de muchos se enfriará» (Mt. 24:12).

**«Una mente persuadida e incluso un corazón bienintencionado están muy lejos de la práctica exacta y fiel». —François Fénelon**

Pensemos en el varón Gedeón. Él se preparó para ir contra el enemigo con treinta y dos mil soldados. El Señor le dijo: Tienes muchos hombres. Permíteles que por gracia se vayan. Así que Gedeón les dijo que todos los que tuvieran miedo se volvieran a sus casas, y veintidós mil de los treinta y dos mil dieron marcha atrás. Dios dijo a Gedeón: aún tienes demasiados hombres. Veo personas en tu ejército que no pueden ver, a los que nunca podrás convertir en soldados israelitas; ponlos a prueba. Entonces él los llevó al río y los probó. Cuando la prueba terminó, se quedó con trescientos soldados. Dios mostró que no estaba pensando en números, sino en calidad. Dios hace a un lado a quienes no pueden ver lo que está oculto, pero mira a quienes por gracia pueden ver y los guía.

**Debemos poner al descubierto nuestro estado interior delante de Dios, pero con frecuencia intentamos ocultarlo. Y debido a que lo ocultamos, Dios no puede cambiarlo.**

Si tus esfuerzos por seguir adelante con Dios solo te han traído más altibajos, recuerda el viaje de Cristo hacia un triunfo inmortal. Recuerda el huerto donde sudó sangre. Recuerda el salón de Pilato donde le pusieron un manto de púrpura y lo golpearon. Recuerda la deserción, en que todos lo abandonaron y huyeron. Recuerda el viaje colina arriba hasta el Calvario. Recuerda que lo clavaron en la cruz. Recuerda las seis horas. Recuerda el ocultamiento del rostro del Padre. Recuerda la oscuridad y la rendición del espíritu de Jesús en la muerte. Este fue el camino que Él tomó hacia el triunfo inmortal y la gloria eterna. Y así como Él es que debemos ser en este mundo.

Esto es lo que algunos llaman la noche oscura del alma, a la que pocos cristianos están dispuestos a entrar. Por eso muy pocos cristianos entran alguna vez a la luz. No conocerán la mañana porque no experimentan la noche. Algunas personas han acudido a mí y me han dicho: «Señor Tozer, he conocido durante mucho tiempo esta oscuridad de la que usted habla. Dios me ha tumbado, me ha reducido casi a nada y ha echado por tierra mi negocio. He sido realmente tentado por el diablo, pero la mañana no ha llegado a mi corazón. ¿Por qué tarda tanto?». He aquí lo que el autor de *La nube del no saber* declara: «Esta obra no requiere mucho tiempo antes que realmente se realice, como algunos hombres acostumbran», es decir, según algunos hombres piensan o creen. «Porque es la obra más corta de todas las que los hombres pueden imaginar. No es ni más larga ni más corta, sino según la conmoción que haya dentro de ti, incluso según tu voluntad». Las conmociones dentro de ti no son suficientes. Todavía no hay un vacío allí.

Entonces, el Espíritu Santo no puede entrar porque no hay suficiente conmoción interior. La realidad es que cada uno está tan lleno como quiere estar. Y cada uno es tan santo como quiere ser. Y cuando creemos que queremos y no es así, entonces por supuesto que nos preguntamos por qué tarda tanto tiempo. Te diré por qué no hemos ido más rápido y por qué los que buscan no han llegado aún a la tierra alta. Es porque todavía no han llegado al final de sí mismos. A menudo interferimos con la obra de Dios en nosotros. Él desea que lo contemplemos y lo dejemos obrar, pero Él no puede lograr que hagamos eso. Nos esforzamos por mantener una buena fachada en lugar de ser humildes y mansos. Los cristianos queremos una buena fachada. Difícilmente no hay uno que no quiera ir al cielo cuando muera para ver moverse al viejo Jordán, pero desea tener una buena fachada mientras está aquí. La Biblia nos enseña claramente que debemos poner al descubierto nuestro estado interior delante de Dios, pero con frecuencia intentamos ocultarlo. Y debido a que lo ocultamos, Dios no puede cambiarlo. Lo escondemos y disfrazamos nuestra pobreza de espíritu.

Si de repente nos viéramos por fuera como nos vemos por dentro de nuestras almas ante el Dios Todopoderoso, seríamos las personas más avergonzadas de todas. Habría gente apenas capaz de mantenerse en pie. Habría personas en harapos. Habría individuos demasiado sucios para considerarse decentes. Habría algunos con enormes llagas en el cuerpo. Habría personas que incluso el barrio más marginal los echaría. Sin embargo, no le dejamos saber a Dios cuán pobres somos en espíritu y no se lo diremos. Por eso es que debemos esperar tanto tiempo. Y por eso queremos seguir con Dios, pero no lo hacemos. Disfrazamos nuestra pobreza de espíritu y ocultamos nuestro estado interior para preservar nuestra reputación.

**Disfrazamos nuestra pobreza de espíritu y ocultamos nuestro estado interior para preservar nuestra reputación.**

A pesar de todo, queremos conservar alguna autoridad para nosotros mismos. No deseamos entregar la última llave a Jesucristo. Queremos tener controles dobles y permitir que el Señor los maneje, pero ponemos los controles frente a nosotros en caso de que el Señor fracase. Por tanto, no estamos entregando toda la autoridad. Simplemente no tenemos la intención de hacerlo, y por eso tenemos que esperar tanto. Deseamos conservar algo de gloria para nosotros mismos. Queremos un poco de ella. Estamos dispuestos a cantar *Tuya sea la gloria* y *Tuyo es el reino y la gloria,* pero anhelamos algo de gloria para nosotros mismos.

Fénelon también dijo lo siguiente: «Somos extrañamente ingeniosos en buscar en forma perpetua nuestros propios intereses. Lo que las almas mundanas hacen de manera cruda y abierta, las personas que quieren vivir para Dios a menudo lo hacen de modo más sutil». ¿Lo entiendes? Es casi humorístico. Pero es muy cierto que somos extrañamente ingeniosos con la facilidad de buscar nuestros propios intereses bajo la apariencia de buscar los intereses de Dios.

Debido a esta verdad, no tengo ninguna dificultad en afirmar que hay miles de personas que usan las misiones, la sanidad, la profecía, la vida más profunda y todo lo demás sin otro propósito que promover en secreto sus propios intereses privados. Usan eso como pretexto y dejan que el pretexto les sirva de pantalla para que nunca sepan lo feos que son por dentro.

Ahora bien, nos contradecimos, afirmo, porque intentamos rescatarnos de la cruz. Nadie quiere morir en una cruz y, sin embargo, Pablo manifestó que deseaba morir en ella, que quería saber qué es morir en la cruz. Y que, a fin de morir como Jesús, el apóstol podría tener una resurrección superior. Dijo que quienes conocen griego saben que eso es lo Jesús declaró. Pablo no expresó: «el Señor me resucitará de los muertos». Todo cristiano será resucitado de los muertos, sino que aseguró que deseaba una resurrección como la de Jesús, una resurrección superior, y que para hacerlo debía morir como Cristo. Estamos dispuestos a morir un poquito y a morir poco a poco, pero siempre queremos rescatar de la cruz una pequeña parte de nosotros, y esa parte que rescatamos es la que nos mantiene todo el tiempo en problemas.

Es totalmente posible contradecirnos a nosotros mismos. Es totalmente posible suplicarle a Dios que nos llene y, a pesar de ello, resistirnos a la llenura; es posible rogar y suplicar que nos llene y no obstante impedir que lo haga. Él desea y anhela que lo busquemos y lo dejemos obrar. Así que rogamos ser llenos y parecemos resistimos a la llenura, y ahí esa extraña ingenuidad. Ahí esa extraña contradicción dentro de nosotros pues nuestra voluntad no se estremecerá lo suficiente. Y lo que la gente mundana hace con crudeza, quienes vivimos para Dios a menudo lo hacemos de forma más sutil. Por supuesto, delante de Dios esto no es sutil, pero sí lo es delante de nosotros. Por tanto, nos contradecimos y ese es el problema. Vivimos en un estado de contradicción. Suplicamos: «Lléname ahora». Resistimos a Dios y declaramos: «Lléname ahora».

Hay una parte de nosotros que no dejaremos morir. Queremos mantenerla viva. Y no vamos a permitir que alguien conozca la pobreza de nuestro espíritu o la terrible condición de nuestro estado interior. Preservaremos nuestra reputación y nuestra gloria, una pequeña gloria, y así viviremos en un estado de perpetua contradicción. Esa es una razón por la que los cristianos no son felices. Un hombre que siempre está sobre una cruz no es feliz. Es cuando termina con eso y declara: «En tus manos encomiendo mi espíritu» (Lc. 23:46), deja de defenderse y se deja llevar, es entonces cuando muere. Pero también es cuando se produce entonces una resurrección.

**«Cualquiera que por gracia pueda ver lo que está oculto, que vea», y el resto puede sentarse, envejecer y esperar la funeraria.**

Debemos entregar todo a Dios si alguna vez hemos de ser algo más que cristianos comunes y mediocres, cristianos a medio camino de donde deberíamos estar, a mitad de la cumbre, no del cielo, sino a mitad de camino de donde deberíamos estar (eso es lo que significa ser mediocres). Nunca creceremos en Cristo a menos que hayamos renunciado a nuestros propios intereses, nos pongamos en las manos de Dios y le permitamos que obre. Sin embargo, lo lastimoso es que muchas veces queremos decirle a Dios lo que debe hacer.

Leemos la vida de Adoniram Judson y declaramos: «Ahora Dios, quiero que hagas eso». O leemos acerca de la vida de D. L. Moody y luego expresamos: «Señor, quiero que hagas lo que hiciste por Moody». Pues bien, Dios podría derramar el Espíritu Santo sobre nosotros mientras caminamos por las calles de Filadelfia, pero queremos decirle a Dios cómo hacerlo y al mismo tiempo preservar un poco de la gloria y conservar algunos aspectos en nuestras vidas que no hemos crucificado. Queremos ser técnicamente crucificados, pero nadie quiere esto en la realidad. A menos que nos pongamos en las manos de Dios y le permitamos obrar, solo seremos lo que somos: cristianos mediocres que entonan canciones alegres para no estar completamente deprimidos, tratando de mantener la apariencia lo mejor que podamos. Si no estamos progresando, no sabemos lo que es estar unidos con Dios de modo experimental y las intenciones de nuestros corazones no son limpias, será imposible amarlo perpetuamente y alabarlo en forma digna.

Hay algunos con los nudillos blancos por colgarse del alféizar de la ventana mientras el Señor les declara: «Mírame y suéltate». Pero no lo harán. Simplemente no lo harán. No van a hacerlo, aunque están yendo al cielo. No perderán el cielo porque han aceptado a Cristo. Sabemos que es así por los libros, no obstante, Pablo enseña:

> A fin de conocerle, y el poder de su resurrección, y la participación de sus padecimientos, llegando a ser semejante a él en su muerte... Hermanos, yo mismo no pretendo haberlo ya alcanzado; pero una cosa hago: olvidando ciertamente lo que queda atrás, y extendiéndome a lo que está delante, prosigo a la meta, al premio del supremo llamamiento de Dios en Cristo Jesús (Fil. 3:10, 13-14).

«Cualquiera que por gracia pueda ver lo que está oculto, que vea», y el resto puede sentarse, envejecer y esperar la funeraria. Van a conferencias año tras año sin sacar nada de ellas. Escuchan sermones año tras año sin entender nada. Asisten a estudios bíblicos año tras año sin hacer ningún progreso, y apenas mantienen la barbilla fuera del agua. Cualquiera que por gracia pueda ver lo que está oculto, que vea. Pero somos ingeniosos, sorprendentemente ingeniosos en arreglar nuestra vida cristiana para obtener un poco de gloria y salirnos con la nuestra, en vez de entrar al camino de Dios.

En mi confraternidad de la Alianza Cristiana y Misionera se supone que debemos ser una iglesia de vida más profunda en la cual creemos que hay una vida de victoria suprema en Cristo, una unión con Él que nos levantará por encima de nuestras tribulaciones, nos llevará a través del tenebroso valle de la muerte, y nos sacará sin el peso y la carga de las cosas; habiéndolo dejado todo y, sin embargo, teniéndolo todo; habiendo abandonado todo y estando aún a salvo.

**No conquistaremos hasta que Él nos haya conquistado.**

¿Recuerdas lo que se dijo de Jesús?

> Haya, pues, en vosotros este sentir que hubo también en Cristo Jesús, el cual, siendo en forma de Dios, no estimó el ser igual a Dios como cosa a que aferrarse, sino que se despojó a sí mismo, tomando forma de siervo, hecho semejante a los hombres; y estando en la condición de hombre, se humilló a sí mismo, haciéndose obediente hasta la muerte, y muerte de cruz (Fil. 2:5-8).

Ahora bien, ¿nos detenemos allí y cerramos el libro? Definitivamente, no.

> Por lo cual Dios también le exaltó hasta lo sumo, y le dio un nombre que es sobre todo nombre, para que en el nombre de Jesús se doble toda rodilla de los que están en los cielos, y en la tierra, y debajo de la tierra; y toda lengua confiese que Jesucristo es el Señor, para gloria de Dios Padre (Fil. 2:9-11).

De su duro quebranto, Cristo levantó un Betel. De su muerte surgió vida, exaltación y victoria triunfal.

Así ocurre con cada hijo de Dios. No conquistaremos hasta que Él nos haya conquistado. La manera de conquistar a nuestros enemigos es dejar que Dios nos conquiste. No te abalances sobre tu enemigo; simplemente sométete y deja que Dios te conquiste. Al hacer eso, Dios ha conquistado a todos los enemigos. ¿Lo harás? ¿Te interesa? ¿Te gustaría ser sumamente victorioso en esta vida, lleno con el Espíritu de Dios, dotado de su Espíritu para caminar como una clase especial de cristiano, no para sentirte orgulloso de este privilegio, sino para estar agradecido de una manera única, mansa y humilde? Por la buena gracia de Dios, cualquiera que por gracia pueda ver lo que está oculto, que vea. Es decir, el que tiene oídos para oír, que oiga.

# NUESTRA VOLUNTAD ACTIVA

«Entonces dije: He aquí, vengo; en el rollo del libro está escrito de mí; el hacer tu voluntad, Dios mío, me ha agradado, y tu ley está en medio de mi corazón» (Sal. 40:7-8).

Reducida a sus términos más simples, toda perfección o madurez espiritual es ni más ni menos hacer la voluntad de Dios. Me gustaría hablar de la voluntad de Dios y su relación con nuestra cruz.

El infierno es el lugar en que la voluntad de Dios nunca se hace, y por eso es el infierno. El cielo es el lugar en que la voluntad de Dios siempre se hace, y por eso es el cielo. Pero entre el infierno y el cielo está la tierra. La tierra es el lugar en que la voluntad de Dios o no se hace en absoluto, como en el mundo no salvo, o se hace solo en parte o de manera imperfecta, como entre la mayoría de nosotros los cristianos.

Nuestra relación con la voluntad de Dios es doble: pasiva y activa. Es pasiva en que está en conformidad a las leyes de Dios. Cantamos acerca de la voluntad de Dios y, cuando lo hacemos, solemos referirnos a lo que María quiso decir cuando manifestó:

«hágase conmigo conforme a tu palabra» (Lc. 1:38). Eso era algo que Dios iba a hacer, pero no algo que ella estuviera haciendo. Eso es conformidad en pasividad. Es declarar: «Dios, acepto tu voluntad para mí. Adelante, y todo lo que envíes estará bien para mí»; eso es necesario y bueno.

También hay una segunda relación con la voluntad de Dios, y es su lado activo: la observancia voluntaria de los mandamientos de Dios. Es hacer los cambios que Dios indica, dejar algunas cosas y tomar otras, y poner toda la vida en conformidad con el Nuevo Testamento. Eso es lo que llamo reforma en la iglesia y, si se lleva a cabo, resultaría en real avivamiento. Pero si esto aún no puede llegar a toda la iglesia, entonces puede llegar a todos los que quieran recibirlo a través de la observancia voluntaria activa de los mandamientos de Dios.

Una vez escuché un gran sermón de Paul Rader en que predicó que Dios escuchó a Elías porque Elías escuchó a Dios. Señaló que Dios hizo según la palabra de Elías porque Elías había hecho según la Palabra de Dios. No se pueden separar estos dos aspectos. Hay muchos pasivos sentados en las bancas, cantando «Haz lo que quieras, Señor, haz lo que quieras», y no sabemos qué va a pasar. Nos resignamos pasivamente. Pero esa es una parte. La otra es escuchar la voz de Dios y hacer lo que nos dice, y eso significa ser activos. Eso significa armonizar toda la vida con la enseñanza bíblica del Nuevo Testamento.

Te aseguro que la voluntad de Dios es el lugar de la bendita, dolorosa y fructífera aflicción. Pablo la llamó «participación de sus padecimientos [de Cristo]» (Fil. 3:10). Estoy convencido de que una de las razones por las que tenemos tan poco poder después de la cruz es porque no queremos tener problemas antes de la cruz. Y al no permitir que la voluntad de Dios nos incomode, queremos ser pasivos. Pero no permitiremos que la voluntad de Dios nos perturbe. Pablo la llamó la participación de los sufrimientos de Jesús. No olvides que en la participación de sus sufrimientos encontrarás a Cristo en clara manifestación. Si hay algo que deseo en este mundo es tener una manifestación clara y continua de la presencia de Aquel en cuya presencia se deleita mi alma. No experimentamos su presencia porque no relacionamos la voluntad de Dios con la cruz.

Los grandes santos conocían la cruz incluso antes de la época de Cristo. Antes que esa cruz fuera levantada en la colina sangrienta, tales santos la conocían en esencia porque su obediencia los llevó a ella. Allí estuvo Jacob, cuya cruz llegó de su propio ser carnal. Creo que los cristianos deberíamos ser exorcizados muy a menudo en espíritu. Deberíamos tener problemas frecuentemente con nuestros propios corazones y, si no los tenemos, tal vez se deba a que no conocemos nuestro propio corazón. Jacob no conoció su cruz al principio, pero más tarde la experimentó. La cruz de Jacob era él mismo, la peor clase posible de cruz con la que un hombre puede tratar. En el caso de Jacob, su cruz era él mismo. Luego tenemos a Daniel, cuya cruz fue el mundo. La cruz de Job fue el diablo. Por tanto, tenemos al mundo, la carne y el diablo en Jacob, Daniel y Job. El diablo crucificó a Job y el mundo crucificó a Daniel. Jacob fue crucificado en el árbol de su propia condición humana: su propia carnalidad.

**La voluntad de Dios es el lugar de la bendita, dolorosa y fructífera aflicción.**

Al mirar a Moisés descubrimos que su cruz fue el opresor del pueblo de Dios. Después vinieron los apóstoles, cuya cruz estuvo en las autoridades religiosas. Luego estaba Lutero. Su cruz vino de la iglesia que fabrica tantas cruces de madera, la Iglesia Católica.

Después vino Wesley, cuya cruz provino de la iglesia protestante. Y yo podría seguir adelante y nombrar muchas grandes almas que tuvieron cruces en la voluntad de Dios y que siguieron su voluntad hasta sus cruces. En muchos casos sucedió antes de la época de Cristo y después de su muerte en esa cruz cuando Pablo afirmó posteriormente: «Con Cristo estoy juntamente crucificado» (Gá. 2:20). Por fe, todos ellos miraron hacia adelante y descubrieron que su obediencia a la voluntad de Dios los conducía al lugar de la bendita, dolorosa y fructífera aflicción.

Cuando hablamos de nuestra cruz, es importante afirmar que no podemos subir la colina y morir. Seguir físicamente a Jesús cuando Él estaba en la tierra era la manera más fácil y económica de salir del trabajo y despedirse de la familia con solo expresar: «Voy a seguir a Jesús». Multitudes hicieron eso. Lo siguieron de manera física, pero espiritualmente no entendieron al Señor. Entonces la forma más barata y fácil de deshacerse de la cruz es llevarla físicamente. Esa sería la manera más fácil de hacerlo. Pero tu cruz no tendrá que ver con que salgas y sigas a Jesús por un sendero polvoriento. Ni resultará de subir la colina con otros dos y ser clavado en medio de ellos. Nuestra cruz será el problema en que metemos nuestros corazones por obedecer la voluntad de Dios. En esto yace nuestra identificación.

Nuestros amigos de los Hermanos de Plymouth hacen, como debe ser, mucho hincapié en la identificación. Esa identificación, esa unidad con Cristo o, como dijo Pablo, esa unidad en la crucifixión, nos lleva a la unidad en espíritu. Esto le parecía cierto al escritor anónimo de *La nube del no saber*, que enseñó que los hombres debían buscar la *unidad* con Dios. El propósito de este estudio es que algunos cristianos sinceros tomen en serio este esfuerzo y busquen la *unidad* con Dios de una forma que muchos en el mundo evangélico consideran fanatismo.

*Resurrección* es otra palabra que debemos considerar. Hay algunos hombres que predican tanto la muerte que nunca sacan a nadie de ella. Predican muerte, muerte, muerte. En mi juventud yo estaba maravillosamente lleno del Espíritu Santo y me iba bastante bien hasta que leí un libro acerca de la cruz. Ese libro en particular me puso en la cruz en el primer capítulo y, hasta donde recuerdo, aún estaba colgando en la cruz en el último capítulo. El resultado fue que todo resultó ser lúgubre. El propio autor no era un hombre sombrío, pero de alguna manera me presentó en el libro esa melancolía, y me costó mucho quitármela de encima. Tardé mucho tiempo en liberarme de ella.

Antes de ese tiempo hubo un predicador llamado A. B. Simpson, cuyo enfoque de esta cruz fue tan radiantemente maravilloso que conmovió y bendijo a una generación. Enseñó que hay una cruz, pero que más allá de ella hay una resurrección, una identificación y una manifestación. Debes saber que lo más deseable, que te llenará los ojos de lágrimas de alegría cada vez que lo pienses, sería si pudieras recibir la cercanía amorosa del Salvador y experimentaras un otorgamiento repentino de su presencia. Así, siempre ha sido el modo en que Él viene. Anhelo ver eso.

Consideraría que el mayor favor que Dios me habría hecho hasta ahora es que hubiera una manifestación repentina. No me refiero a salir rodando por el pasillo, gritar, ni hablar en lenguas. No me refiero a ninguna manifestación física en absoluto, excepto que resulte en la más tierna de las manifestaciones de lágrimas de gozo. Me refiero simplemente a una Presencia dada a conocer al espíritu. Eso es todo. Y Dios está dispuesto a dar eso. Eso es lo que experimentaron en el avivamiento galés a tal grado que a veces el predicador ni siquiera podía predicar. No vemos eso mucho hoy día y, además, nadie lo desea. Por eso afirmo que debemos tener una reforma. Debemos volver a tener esto en nosotros antes que podamos esperar que un avivamiento lo sea realmente.

Ahora bien, todas estas tres palabras (*identificación*, *resurrección* y *manifestación*) se refieren a la cruz de nuestro Señor Jesucristo. Quiero darte unas frasecitas sobre la cruz que he tomado de un hombre cuya santidad se conoció en todo el mundo y se sigue conociendo hasta el día de hoy a través de *La nube del no saber*. El autor declara: «Dios es ingenioso al hacernos cruces». ¡Piénsalo! Dios es ingenioso. Si simplemente decimos que por fe estamos crucificados con Cristo, eso no es ninguna cruz en absoluto. Eso resulta ser algo técnico. Pero Dios quiere crucificarnos realmente, así que es ingenioso al hacernos cruces. Las hace de hierro y de plomo, que en sí son pesadas. Las hace de paja, lo que significa que no pesan nada, pero no son menos difíciles de cargar. Algunas de estas cruces de paja, que para algunos no parecen significar nada, en realidad están crucificándonos de principio a fin.

A menudo a Dios le agrada unir la debilidad física a esta servidumbre del Espíritu. El antiguo escritor sigue diciendo que nada es más útil que estas dos cruces juntas. Crucifican a un ser humano de la cabeza a los pies. ¿Sabías que Jesucristo fue crucificado de la cabeza a los pies? ¿Sabías que cuando lo clavaron a la cruz, fue crucificado por todas partes? No hubo ningún segmento de su naturaleza santa que no fuera afligido por la cruz. Fue crucificado de la cabeza a los pies. Dios se complace en confundir así el poder humano, el cual solo es debilidad disfrazada.

Cualquier tipo de poder intelectual que tengas, como una gran mente, te molestará y te ocasionará problemas, pero es bueno experimentar esto si Dios lo ha ordenado así. Es solo debilidad disfrazada. ¿Tienes talentos? Tan solo son debilidad disfrazada y lo único que tienes es debilidad humana disfrazada. Dios se complace mucho en confundir esa debilidad humana.

El autor de *La nube del no saber* afirma que Dios quiere que el mundo admire más lo ridículo y espantoso, así que amenaza sin piedad a aquellos que levanta sin medida. Además, une estas cruces y crucifica al hombre de pies a cabeza porque quiere levantarlo sin medida. Cito una vez más lo que el apóstol Pablo declaró en Filipenses 2:5-8:

> Haya, pues, en vosotros este sentir que hubo también en Cristo Jesús, el cual, siendo en forma de Dios, no estimó el ser igual a Dios como cosa a que aferrarse, sino que se despojó a sí mismo, tomando forma de siervo, hecho semejante a los hombres; y estando en la condición de hombre, se humilló a sí mismo, haciéndose obediente hasta la muerte, y muerte de cruz.

¿Conoces las palabras que siguen? «Por lo cual Dios también le exaltó hasta lo sumo, y le dio un nombre que es sobre todo nombre, para que en el nombre de Jesús se doble toda rodilla... y toda lengua confiese» (Fil. 2:9-11).

**Dios crucificará sin piedad a quienes desea levantar sin medida.**

Dios crucificará sin piedad a quienes desea levantar sin medida. Creo esto. Luego *La nube del no saber* añade esta expresión bastante hermosa y casi humorística: «Qué hermoso es tener nuestro purgatorio donde otros buscan tener su paraíso». Qué maravilloso es tener tu purgatorio donde otros buscan su paraíso. Todos los demás quieren su paraíso aquí abajo y este viejo hermano sabio te dice que puedes tener aquí tu purgatorio. No tendrás que esperar para ir a un purgatorio inexistente después de la muerte, sino que lo tendrás aquí mismo donde otros están buscando su esparcimiento y lo mejor, con sus entretenimientos, diversiones y todo lo demás. Si caminas con Dios y permites que su voluntad te lleve a ese lugar, a esa cruz, a ese sitio de bendita y fructífera aflicción (tu propio corazón), qué hermoso que puedas tener aquí tu purgatorio.

Y *La nube del no saber* sigue diciendo: «El sufrimiento no es más que callar delante de Dios, porque Él es quien hace nacer en ti la sequedad». Es Dios quien hace nacer en ti la sequedad y la impaciencia y el desaliento para humillarte y mostrarte a ti mismo. Él es quien lo hace todo. Solo tenemos que verlo y adorarlo, adorarlo mientras nos sacrifica y amarlo mientras nos crucifica. Porque Él dice que crucifica sin piedad a quienes levanta sin medida.

¡Ah!, ¿quieres ser resucitado sin medida? ¿Quieres que Dios les diga a todos los ángeles y a todas las criaturas que hacen su voluntad: «¿Está la tapa abierta para este hombre?». «No hay fronteras a donde lo llevaré. No existe medida, no hay techo en lo que él pueda tener. Simplemente mantengan abierta la tapa. No tiene límite. Lo elevaré sin medida y es porque lo crucificaré sin piedad». Ellos preguntan: ¿Qué quieres decir? Él responde: «Felices los que en este estado consideran la mano de Dios que los crucifica sin piedad». Él crucifica sin piedad y crucifica a través de la piedad.

Quien ha tenido niños a su cuidado saben lo que es castigar sin piedad y, sin embargo, castigar con piedad. ¿Sabes lo que es cuando oras por tu hijo y quieres que él sea el mejor ejemplo de un buen ciudadano? Lo amas hasta el punto de dar por él la sangre que corre por tus venas. Y, a pesar de ello, no escatimas la vara sin ninguna piedad. ¿Y qué es esto? Es piedad lo que hace que lo castigues sin piedad. ¿Ves la hermosa mezcla allí? Esa es la manera en que Dios considera que debe proceder. Se trata de la piedad de Dios por sus hijos. Que Él no escatime la vara para hacer de nosotros la clase de personas que desea que seamos.

Es Dios quien lo hace todo. Y nosotros solo tenemos que verlo y adorarlo en todo. Habrá un tiempo no muy lejano en que solo tendrás a Dios y la cruz. Es esa cruz la que será tuya por estar en la voluntad de Dios. Puede venir de cualquier dirección. La mía suele venir del interior cuando Dios me deja caer de bruces y me rompe la nariz, cuando me deja hacer alguna tontería o que mi alma se hiera de alguna manera. Esa es la cruz y el Señor me clava en ella. Lo único que debo hacer es verlo y adorarlo en todo el proceso. Al anhelar solamente la identificación, la manifestación, la resurrección y el poder, ¿podrías decir: «¡Oh Dios!, crucifícame de pies a cabeza, por completo, Dios»?

Esta es la reforma que necesitamos hoy día. Una vez se necesitó una reforma que devolviera la Biblia a la Iglesia. La lograron. Cuando se necesitó una reforma que enseñara a los hombres a confiar en Cristo Jesús y ser justificados y limpios, la obtuvieron bajo los Wesley. Ahora necesitamos una reforma que tome la voluntad de Dios, que lo adore, que mire al Señor y le permita obrar, sin mirar atrás sino al frente. Debemos desasociarnos de todo, por sano que parezca en doctrina, de todo lo que no sea espiritual, de todo lo que no sea como Cristo, de todo lo que no se encuentra en el Nuevo Testamento; debemos mirar hacia Él, dejarlo actuar y luego exclamar: «¡Oh, cruz! ¡Ah, bondadosa cruz! Te abrazo».

¿Te has puesto a pensar alguna vez que la Pascua vino después del Viernes Santo? Debió haber Viernes Santo para que pudiera haber Pascua. Antes que Cristo resucitara y cantara entre sus hermanos debió inclinar la cabeza y sufrir entre ellos. Y esto es lo que se ha perdido en la Iglesia. El único sufrimiento que conocemos al respecto es el impuesto por accidente desde afuera. Luego escribimos libros sobre eso y hacemos héroes de individuos que no lo habrían sido si hubieran podido haber salido bien librados. No tienen ningún merecimiento porque les sucedió por accidente. Esa no es ninguna cruz. Tu cruz es la que tomas de la mano de Dios mientras lo miras, lo dejas obrar, le agradeces y lo adoras. Y no cambiarías esa cruz, aunque pudieras; y podrías hacerlo, pero no lo harás.

**¡Oh, Dios!, permíteme que muera bien antes que viva mal.**

Entonces viene la gloriosa resurrección. Después viene la vida y la bendición. Antes que venga el resplandor del alba debe llegar la oscuridad de la noche. Antes que pueda venir la vida de la resurrección debe llegar la muerte que termina con otra clase de vida. «¡Oh, cruz! ¡Ah, bondadosa cruz!... adoro en ti al Jesús moribundo».

He aquí una corta oración que escribí hace mucho tiempo: «¡Oh, Dios!, permíteme que muera bien antes que viva mal». En lugar de llevar una vida mala en un nivel inferior prefiero llegar a un punto alto y apagar la luz. Prefiero morir bien que vivir mal. Ah, bendita cruz de Jesús. Oh, voluntad del Dios supremo. Ah, dulce voluntad divina. ¿Sabes algo de ella? ¿Estás en ella? ¿Ha hecho algo por ti o para ti? ¿Has conocido el lugar de la dulce y bendita aflicción, de la búsqueda de corazón y de los dolores de parto? Si no lo has hecho no puedes conocer la bendición y la gloria. Puedes orar hasta tu muerte pidiendo un avivamiento y nunca experimentar ese avivamiento. Puedes unirte a grupos y orar toda la noche pidiendo ver el avivamiento, y lo único que perderás será sueño, y lo único que ganarás será ejercitarte.

Si creemos en este tipo de reforma, cueste lo que cueste, ¿por qué no hacer algo al respecto? ¿Por qué no ir ante el Señor y declarar:

«Oh, bendita voluntad de Dios, bendita voluntad de Dios, ah, bendita cruz, puesto que adoro a mi bendito Salvador, crucifícame de pies a cabeza»? Creo que de tu dolor pétreo se levantará un Betel.

> Oh, cruz, que yergues mi cabeza,
> no me atrevo a pedirte que huya de ti;
> estoy muerto en el polvo de gloria de la vida,
> y de la tierra emergen brotes rojos,
> vida que no tendrá fin.

¿Acudirás a Dios y dejarás tu gloria en el polvo lo mejor que puedas; irás y dejarás tu gloria en el polvo y delante del Señor buscarás su voluntad para ti en obediencia? ¿Irás tras la cruz, la identificación, la presencia, la gloria, la resurrección y la vida? ¿Lo harás?

# ENCUENTRO A SOLAS CON CRISTO

Todo electricista sabe que hay dos polos en un sistema eléctrico: positivo y negativo. Con eso en mente, existe una enorme diferencia de tono entre nuestro principal texto de estudio en Filipenses 3, los grandes gigantes bíblicos y las almas brillantes que han vivido desde los tiempos bíblicos, en comparación con los cristianos evangélicos de la actualidad.

Tomemos por ejemplo a David, quien decía en el libro de los Salmos en su búsqueda del Señor: «Como el ciervo brama por las corrientes de las aguas, así clama por ti, oh Dios, el alma mía. Mi alma tiene sed de Dios, del Dios vivo; ¿cuándo vendré, y me presentaré delante de Dios?» (Sal. 42:1-2). «Dios, Dios mío eres tú; de madrugada te buscaré; mi alma tiene sed de ti, mi carne te anhela, en tierra seca y árida donde no hay aguas, para ver tu poder y tu gloria, así como te he mirado en el santuario» (Sal. 63:1-2). Y luego continúa diciendo: «Está mi alma apegada a ti; tu diestra me ha sostenido» (Sal. 63:8). Ese es el lenguaje de David.

Este tipo de lenguaje se encuentra en todo el Antiguo Testamento, comenzando con Abraham y siguiendo a todo lo largo del antiguo texto. Todos esos personajes tenían mucha sed. Y la diferencia entre ellos y nosotros, entre el tono de sus vidas y el tono de nuestras vidas, es que ellos buscaron a Dios y lo encontraron, lo siguieron buscando y volvieron a encontrarlo, lo buscaron de nuevo y otra vez lo encontraron, entonces lo buscaron con mayor ahínco. Pero, en nuestro caso, creemos en Él, lo aceptamos y no lo buscamos más. Bueno, ahí está la diferencia.

Cuando pienso en algunas grandes almas cuyos nombres son música para nosotros, es importante comprender que obtuvieron su virtud del mismo lugar que obtenemos la nuestra: de Jesucristo, nuestro Señor. El mérito de estas personas proviene de la misma fuente que el nuestro. Sus nombres son música porque están asociados con esta sed que Pablo expresó aquí cuando dijo que consideraba todas las cosas como pérdida. El apóstol seguía adelante, siempre y cuando pudiera comprender y olvidar todo lo que quedaba atrás; y se extendía hacia cosas nuevas. Esto fue lo que dio música a los nombres de Agustín, Tauler, Jacob Boehme, Thomas à Kempis, Richard Rolle, Bernard de Clairvaux, Bernard de Cluny, Juan de la Cruz y Madame Guyon.

¿Por qué al escuchar los nombres de estos personajes sentimos como si se afinara un instrumento? No es que tuvieran algo que potencialmente tú y yo no tengamos y que por naturaleza no poseamos, sino que se les asocia con la multitud anhelante y sedienta, como lo fueran Nicolás de Cusa, John van Ruysbroeck, Lorenzo Scupoli y François Fénelon, y hombres que se levantaron como Henry Suso y Samuel Rutherford. A propósito, fue el hermano de Henry Suso quien afirmó que hay una diferencia entre escuchar un laúd exquisitamente tocado y tan solo oír que alguien ha tocado este instrumento. Él siguió diciendo que la mayoría de los cristianos son así: solo oyen que alguien ha tocado un laúd, pero ellos mismos nunca han escuchado el toque de uno. Luego estuvieron Samuel Rutherford, Cooper, Heber, Samuel Swain, William Law, John Newton, Samuel Medley, Tersteegen, Paul Gerhardt, Stennett y Doddridge.

Estos son nombres musicales porque los asociamos con almas sedientas. Vemos a estos personajes como el ciervo al que los sabuesos han perseguido: sedientos, anhelando el agua y exclamando: «Déjenme en paz porque mi alma busca a Dios»; y ellos lo encontraron. ¡Qué tragedia ha sido en nuestra época que se nos enseñe que creamos en Dios, lo aceptemos y que luego no lo busquemos más! Ahí es donde estamos hoy día. Mi objetivo es estimular a las personas a buscar a Dios. Mi propósito es poner fuego en el corazón que clama por Aquel a quien ama, más que en el corazón que se ha conformado con lo que ya tiene.

**¡Qué tragedia ha sido en nuestra época que se nos enseñe que creamos en Dios, lo aceptemos y que luego no lo busquemos más!**

Quiero dirigirte hacia el libro del Cantar de los Cantares del Antiguo Testamento. La mayoría de las personas no lo leen porque no entienden su significado. No obstante, en este libro se muestra el mismo gozo de estas grandes almas de las que te he hablado. Bernard comenzó a escribir una serie de sermones sobre el Cantar de los Cantares, y solo había predicado los sermones del capítulo 1 cuando murió. Terminó su proyecto allá en la gloria. Cantares es la historia de una muchacha que se encuentra muy enamorada de un joven pastor, pero que es tan hermosa que un rey exige los favores de la joven. A pesar de esto, ella permanece leal a su sencillo pastor, quien recoge lirios en el rocío de la noche, llega a buscarla y la llama a través de la celosía. Esta es sin duda una maravillosa historia de amor. La Iglesia ha entendido que Jesús es el pastor rechazado, y el mundo con todo lo que ofrece es el rey exigente, persuasivo y vencedor, tratando de cortejar y ganar nuestro amor.

Muchas canciones como estas provienen de Cantares:

*Agradable es el aroma de tu gracia.*
*Tu nombre que a raudales fluye inunda todo el lugar*
*con fragancia celestial.*
*Tu precioso nombre amado por la virgen,*
*quien atraída por esa unción de lo alto,*
*se apresura, corriendo hacia ti.*

Y otra:

*Tú, pastor de Israel, y mío,*
*el gozo y anhelo de mi corazón.*
*Porque una comunión más cercana deseo,*
*ansío residir donde te encuentras tú.*
*Ah, muéstrame ese lugar, el más feliz,*
*ese lugar donde tu pueblo mora,*
*donde los santos extasiados observan*
*y se aferran a un Dios crucificado.*
*Es allí con los corderos de tu rebaño,*
*solo allí ansío descansar,*
*permanecer al pie de la roca,*
*o levantarme para ocultarme en tu pecho.*
*Es allí donde permanecería por siempre,*
*y nunca ni por un momento partir,*
*oculto en la hendidura de tu costado,*
*eternamente encerrado en tu corazón.*

En estas fabulosas canciones escuchamos la forma en que esas personas hablaban de Dios. Mi verdadero temor es que nuestro frívolo tipo de cristianismo actual de «tan solo cree» convierta en liberalismo a nuestro movimiento evangélico moderno. Recordemos siempre que la iglesia no marcha sobre su cabeza, sino sobre su corazón. Recordemos siempre que el Espíritu Santo nunca llena la cabeza del creyente, sino el corazón. El esfuerzo actual por igualar al cristianismo con todo aprendizaje, toda filosofía y toda ciencia tan solo recibiría una fría desaprobación del Dios Todopoderoso. Él permitirá que finalmente sigamos nuestro camino ciego hacia el liberalismo. Veremos esto muy poco a poco, asegurando que no actuamos de este modo mientras sí lo hacemos. En algún lugar, Dios tendrá un pueblo. No sé dónde se encuentra, pero Dios tendrá un pueblo, y estará compuesto por aquellos que más clamen a Aquel que aman.

**En nuestro anhelo de Dios no tratemos de imponer nuestra manera de hacer las cosas.**

Creo que es importante señalar que no existe ningún lugar para el esfuerzo humano. Al mirar otra vez *La nube del no saber*, el antiguo escritor expresa: «Pon todo tu empeño en esta obra y no fuerces nunca tu mente ni imaginación». Él se refiere a que debemos recordar que en nuestro anhelo de Dios no tratemos de imponer nuestra manera de hacer las cosas. En todo esto hay un elemento de no saber, un abismo profundo y divino de la divinidad: el mar silencioso y ondulante del Ser que llamamos Dios. Está ahí, y se encuentra más allá del poder del pensamiento o la visualización; es total y completamente inútil tratar de imaginar nuestro camino. Por la gracia, el ser humano puede tener plenitud de conocimiento, pero ninguno puede opinar por Dios mismo. Eso no significa que no podamos pensar respecto a Él, pero no podemos pensar por Él, como iguales a Él o a la altura de Él. *La nube* sigue diciendo: «Aunque no podemos conocerle, sí que podemos amarle. Por el amor puede ser alcanzado y abrazado, pero nunca por el pensamiento». ¿Cómo entonces podemos conocerlo con un devoto y agradable remolino de amor, traspasar esa nube de oscuridad y herirla con un agudo dardo de amor anhelante? «Porque basta con la intención pura y directa de Dios sin otra causa que Él mismo».

He aquí otra vez la expresión *Él mismo.* He estado observando cuán a menudo aparece. ¿Sabes que mi sociedad, la Alianza Cristiana Misionera, casi comenzó con la expresión Cristo mismo? Fue Él mismo quien nos dio el mensaje. Por desdicha, hoy día nos encontramos muy lejos de eso, estando simplemente satisfechos con las obras de Dios y la teología divina. Pero llegaremos allí, porque el pensamiento involucra el elemento intelectual en el evangelio. Recordemos que uno de los atributos de la deidad es el intelecto y que hay un elemento intelectual en el evangelio. Eso es lo que llamamos teología o doctrina. Y el pensamiento involucra teología. El pensamiento participa en la doctrina y es necesario y correcto. Sin embargo, lo que necesitamos y buscamos está más allá del intelecto, pues es aquello a lo que no podemos llegar con la cabeza.

Una canción dice que el Espíritu sopla sobre la Palabra y hace ver la verdad. ¡Cuán maravillosas son las Escrituras cuando el Espíritu sopla en ellas, y no cuando simplemente se enseñan! Escuchar tan solo la exposición de la Palabra de Dios, sin que el Espíritu sople en ella, puede ser algo dañino, si no inútil.

A veces cantamos más allá de la página sagrada, no aparte de la página sagrada, no lejos de la página sagrada, no contrario a la página sagrada, sino más allá de la página sagrada. La página sagrada no debe ser una barrera que obstaculice nuestro camino hacia Dios. La página sagrada no debe ser un sustituto para Dios, aunque millones de personas lo hagan. La página sagrada no debe ser el fin, sino solo el medio hacia el fin… y Dios es el fin. Es a Dios a quien buscamos con una intención pura. «Porque basta con la intención pura y directa hacia Dios sin otra causa que Él mismo».

Por desgracia, la tendencia actual es creer que si tenemos el texto, tenemos la experiencia, y la mayoría de los evangélicos se conforma con eso. Si tenemos el texto, creemos tener la experiencia, pero no es así. Si tenemos el texto, solo tenemos el texto, pero la experiencia debe resultar del texto. En otras palabras, se puede tener el texto y no tener la experiencia.

**Lo que necesitamos y buscamos está más allá del intelecto, pues es aquello a lo que no podemos llegar con la cabeza.**

Muchos preguntarán: ¿No soy acepto en el Amado? ¿No tengo todo lo que hay en Jesús? ¿No es Dios mi Padre y no soy heredero con Él? Entonces vamos cojeando por la calle, andrajosos y solos, olvidando que una cosa es tener la voluntad y otra es tener lo que deseamos. La voluntad de Dios es una cosa, pero tener la voluntad de Dios es otra. Quiero decirte, como dijo *La nube*: «Te pido, mi querido amigo en Dios, que estés alerta y atento al camino por el que avanzas». Algunos han llegado a un punto en que han luchado hasta donde han podido y nunca podrán llegar más lejos con la cabeza. Más les valdría hacerla descansar.

Amigo, cuando finalmente te encuentras con Dios, tiene que ser a solas en tu corazón. Porque allí hay una soledad, una verdadera soledad. Las personas no quieren estar solas. Los jóvenes principalmente no quieren estar a solas con Dios. Quieren que la multitud los rodee. Quieren gente allí que sepa reír. Quieren personas que les alivien la presión. Quieren amigos alrededor que los apoyen y consuelen. Pero debes saber que si alguna vez llegas a donde deberías, al lugar en que el corazón anhelante encuentra el agua, ese es un lugar solitario. No quiero decir que no habrá otros contigo, pero Dios tiene que sacar del rebaño a todo inconformista y marcarlo a solas, totalmente a solas. No lo hace masivamente, sino a solas. Cuando el Espíritu Santo vino en Pentecostés y se asentó sobre los tres mil, llegó sobre cada uno de ellos, afirman las Escrituras. No dicen que se asentó sobre todos ellos en masa. El Espíritu se asentó en cada uno de ellos. Y cada uno vivió esta experiencia como si hubiera estado solo.

Dios desea que avancemos donde no hay luz natural que nos ayude. No podemos apoyarnos en nada natural. Debemos encontrar a Dios como el corzo encuentra el arroyo. Debemos buscar solos a Dios. Me encantaría ayudarte, citar las Escrituras, cantarte y hacer lo mejor que pueda, pero cuando Él te encuentre, estarás solo. Lo que deberíamos hacer es clamarle cada vez más: «Te amo» y buscar su dirección con solo una intención pura hacia Él, una intención pura hacia Dios. Queremos a Dios y no deseamos nada más. Quiero a Dios y no deseo nada más.

Ahora bien, ¿qué debemos hacer? Bueno, Cristo ha eliminado todos los obstáculos legales. Eso me alegra. Jesucristo ha quitado todos los obstáculos legales. Pero creo que hay razones legales por las que no deberíamos ir al cielo. Creo que hay razones gubernamentales por las que yo no debería ir al cielo. Creo que un Dios santo debe dirigir su universo según leyes santas, y si gobierna su reino según leyes santas, no pertenezco allá porque he quebrantado cada una de ellas, ya sea con intención o a propósito. Entonces, debe haber una justificación en alguna parte. Se debe hacer algo para permitirme legalmente tener a Dios y que Él me tenga a mí, y eso ya se hizo. Gracias a Dios se hizo.

Por tanto, recuerda que todo obstáculo ilegal ya se ha eliminado. No existe nada que pueda detenerte excepto tú mismo. Nada en el amplio mundo. Todas las profundidades de la plenitud de Dios son tuyas. No existe una sola razón de por qué no puedas llegar a tener una relación con Dios si le clamas y lo miras con una intención pura de amor.

Te he señalado que la única manera de entrar en esa relación es creer que puedes hacerlo. He tratado con personas que intentan imaginar su manera de entrar. Hay un tiempo en que cuando lo único que puedes hacer es creerle a Dios y creer lo que Él dice: creer y amar. Cree y ama. *La nube del no saber* declara: «Ningún hombre puede imaginar a Dios mismo... Se le puede amar, pero no imaginar. Por amor se le puede obtener y retener; pero no por imaginación».

**El gran Dios Todopoderoso que llena el universo... no puede ser rodeado por algo tan diminuto como aquello a lo que llamas cabeza, tu intelecto.**

El gran Dios Todopoderoso que llena el universo y se desborda en la inmensidad no puede ser rodeado por algo tan diminuto como aquello a lo que llamas cabeza, tu intelecto. Nunca, nunca, nunca. Él sabe que lo único que podrías hacer sería pararte en lo más bajo de la suela del zapato de Dios y reflexionar allí. Nunca podrías ascender hasta el rostro de Dios, pero el amor y la fe permiten que lo hagas. Por el amor y la fe podemos conocer a Dios.

Es un pensamiento muy agradable saber que no hay vacíos en el reino de Dios. Un vacío es un lugar en que no hay nada, ni siquiera aire. Dicen que la naturaleza aborrece el vacío. Y dondequiera que haya un vacío, a menos que lo proteja una capa dura, el aire entra y lo llena. El reino de Dios aborrece los vacíos. Cuando te vacías,

Dios Todopoderoso se apresura a entrar. La triste realidad es que como evangélicos nos encontramos donde estamos, simplemente satisfechos con lo que tenemos. Pero si nos vaciamos en forma activa, descubriremos que Dios mismo entrará corriendo al vacío.

Los hermanos Wesley escribieron en cierta ocasión: «Atraído por el amor de mi Redentor; tras Él sigo raudo, atraído desde la tierra hacia las cosas de arriba, sacado por fin de mí mismo». Sacado por fin de mí mismo. ¿Sabías que ese es tu problema y el de muchos de nosotros? No hemos sido «atraídos desde la tierra hacia las cosas de arriba, no hemos sido sacados por fin de nosotros mismos». Qué hora tan feliz cuando se nos ha sacado de nosotros mismos y existe un vacío al que se precipita la bendita Presencia. Debes saber que esto no consiste en nada más que el conocimiento de la bondad y la grandeza de Dios; y de conocer nuestro propio vacío y nuestra inclinación a toda maldad. Nos sometemos no solo a Él, sino que por amor a Él también a toda criatura en la renuncia de voluntad propia, lo cual significa una renuncia total de nosotros mismos al beneplácito divino. Todo esto deberíamos ansiarlo y cumplirlo simplemente para la gloria de Dios y por complacerlo solo a Él, como *La nube* dice, «porque así desea y merece que se le ame y se le sirva». Esta es la ley de Dios impresa por la mano del Señor mismo en los corazones de sus siervos fieles.

Este es el yugo fácil y esta es la carga ligera del Señor, como escribiera Scupoli, uno de los grandes santos de antaño. He aquí algo maravilloso, amigo. Siempre que el Espíritu Santo habla dice lo mismo a todos. He mencionado nombres desde Agustín o David hasta épocas posteriores. Puedes leer sus himnos y sus libros devocionales, y descubrirás que todos ellos llegan a la misma conclusión: un faberiano y un hebertiano, un calvinista y un arminiano, un episcopal y un católico.

De haber vivido en la época de electricidad, llegarían a la misma conclusión... y el Espíritu Santo no expuso dos cosas. Aseguró solo una... Él le dice lo mismo a todos los que lo escuchan. Así que, sin contradecirme, puedo citar de cualquier lugar, porque el mismo Espíritu Santo dice lo mismo a todos sus hijos: desahóguense, entréguense a mí, vacíense, tráiganme sus vasijas de barro, tráiganlas y vacíense.

Es lo mismo, solo para la gloria de Dios, de lo que todos ellos hablan. En 1 Corintios 1 y 2, Pablo dice «por nuestro Señor», no por la mentalidad ni el intelecto, sino por el Espíritu Santo. «¿Quién de los hombres sabe las cosas del hombre, sino el espíritu del hombre que está en él? Así tampoco nadie conoció las cosas de Dios, sino el Espíritu de Dios» (1 Co. 2:11). No puedes trepar la escalera de Jacob para entrar en el reino con la cabeza agachada, ni puedes imaginar tu camino de entrada. Solo puedes amar tu camino de entrada, creer en ese camino y entrar con la mansedumbre de un niño. Entonces, atraído por el amor de tu Redentor, ir y vaciarte hasta que al final seas liberado de ti mismo.

¿Sabes?, ese es tu único problema: tú mismo. Podrías afirmar: «Si yo tuviera un mejor pastor, sería mejor cristiano». Me gustaría que fuera así, pero sabes que no lo es. Cuanto mejor sea el pastor que tengas y mejor predicador sea, más peligro correrías, porque tenderías a convertirte en un parásito espiritual y a apoyarte en ese pastor. A menudo, las personas más espirituales están en iglesias donde el pastor no sabe predicar muy bien. Son profundamente espirituales porque no tienen ayuda desde el púlpito, por lo que solo buscan a Dios. Creo en el sacerdocio de los creyentes. Y creo que hay hombres que oyen la voz de Dios con tanta seguridad como yo y que tienen tanto derecho a hablar como el que tengo yo.

Por tanto, amigo mío, tu problema eres únicamente tú. Solo tú, y si te liberas de ti mismo, si por fin te despojas de ti mismo, ¡qué ruido habrá en ese momento! Cuando estés tan atascado en el fango de tu propio ego, y Dios te saque, habrá un sonido que se escuchará a una cuadra de distancia. Y parafraseando *La nube*, «puedo optar más bien por amar a aquel a quien no puedo conocer. Aunque no pueda conocerlo, sí que puedo amarlo. Por el amor puede ser alcanzado y abrazado, pero nunca por el pensamiento».

> **No trates de entrar en la vida espiritual más profunda mediante tu ingenio o tu imaginación... Busca a Dios en tu propio corazón.**

Entonces, debes tener cuidado. No trates de entrar en la vida espiritual más profunda mediante tu ingenio o tu imaginación. No lo intentes, sino que mira a Dios por ti mismo. Busca a Dios en tu propio corazón. No está mal ir a orar a altares y cuartos de oración. Pero estoy hablando de la soledad del alma que puede estar separada de la multitud, apartada por sí misma. Igual que sucedió cuando una mujercita se esforzó por acercarse a Jesús mientras la multitud lo apretaba por todas partes. Una pequeña y solitaria mujer lo rodeó, empujó y dio empellones hasta tocarle el manto y entonces fue curada. Él se volvió y expresó: «¿Quién me tocó?». Pudo haber declarado: «¿Quién me tocó con fe? ¿Quién me tocó con amor?». El resto de la muchedumbre ese día lo único que hizo fue oprimir. Tenemos reuniones en que seres humanos tan solo empujan al Señor. Eso es todo, simplemente empujan. Él está allí, pero lo único que ellos hacen es empujar.

En algún lugar, una pequeña alma se abrirá paso y tocará al Señor, y con amor y fe lo tocará y el corazón de esa persona sanará.

¿Sabes lo que muchos de nosotros necesitamos? Necesitamos que nuestros corazones sean sanados. Necesitamos que en nuestros corazones nos pongan el ungüento. ¿No hay bálsamo en Galaad? Sí, sí, sí. Sí hay bálsamo en Galaad para sanar al alma enferma por el pecado. No sé qué más puedo decirte, sino que tu Amado está recogiendo lirios; y si observas, lo verás pasando la mano a través de la celosía y manifestándote: ven, amado mío. Levántate donde la lluvia ha cesado, y el trino de las aves se escucha en la tierra.

Ah, amigo mío, Dios está muy cerca de nosotros, y nunca estará en otro lugar que no sea muy cerca. Allí se encuentra afligido y triste. Pero está muy cerca y a la espera. Está esperando que se forme un vacío dentro de tu corazón. Podrías preguntar: «¿Qué hay en mi corazón?». Bueno, no lo sé, pero sea lo que sea, tiene que salir a la luz. Y cuando saques aquello, Él entrará. ¿Lo crees? ¿Lo harás ahora mismo? ¿Por ti mismo? No te apoyes en nada ni nadie más. No confíes en nadie más. Llega por ti mismo únicamente... solo.

# NUBES QUE OBSTRUYEN

Es posible que a lo largo de los capítulos anteriores te hayas preguntado qué es exactamente lo que estoy defendiendo en este libro. Me gustaría clarificar mis inquietudes y tan solo afirmar que mis palabras no contienen más que a Cristo. Cualquier enseñanza espiritual que simplemente no se trate de algo más que acerca de Cristo es falsa. Lo que más me preocupa hoy día es que todos nuestros fundamentos doctrinales estén basados en las Escrituras y que todo su talante espiritual sea apostólico. También debe estar en armonía con lo mejor de la iglesia histórica, lo mejor de la literatura devocional, lo mejor en himnos y lo mejor en biografía. ¿Por qué este tipo de predicación parece diferente? ¿Por qué parece algo extraño al compararse con mucha de la predicación actual del llamado evangelio verdadero?

Hace algunos años, el textualismo cautivó a la iglesia evangélica. Por iglesia evangélica me refiero a la iglesia fundamentalista. Es decir, la iglesia evangélica en la que la gente cree en Cristo el Salvador y lo acepta como tal. En esta iglesia, los escribas y defensores han tomado el control y han establecido una jerarquía en institutos, conferencias bíblicas e iglesias. Muchos han instituido las reglas de una adherencia rígida a las palabras.

Creo y he creído durante toda mi vida en la inspiración plenaria, y verbal de las Escrituras tal como originalmente fueron entregadas. Permíteme aclarar esto diciendo que creo y que siempre he creído, como maestro cristiano responsable y creyente, en la inspiración plenaria y verbal de las Escrituras como originalmente se nos entregaron.

Encontramos que el problema ha sido y sigue siendo que esta escuela de pensamiento textual descansa únicamente en la inspiración verbal. En la doctrina de la inspiración verbal se ha instalado el rigor de la muerte, lo que ha dado como resultado el embrutecimiento de la imaginación religiosa. Esto ha hecho que se ahogue el anhelo religioso y se derribe la aspiración religiosa. Las alas inquietas y ambiciosas de los hijos de Dios fueron cortadas como a la gallina en el gallinero. Nos han dicho que nos callemos y que estemos contentos con lo que tenemos. Eso es todo. Esto ha resultado en que el lenguaje del Nuevo Testamento persista, pero el Espíritu del Nuevo Testamento se haya contristado.

Quizás te preguntes cómo surgió todo esto. Vino como resultado de una revuelta, una revolución contra los escribas que tomó dos direcciones. Grandes cantidades de evangélicos se rebelaron sin saber que se estaban rebelando. No sabían que estaban boqueando como un pez en una pecera sin oxígeno. Las masas se rebelaron hacia el entretenimiento religioso hasta el punto de que ahora muchas iglesias evangélicas acampan a las puertas del teatro. Frente a eso, en el lado opuesto están los fundamentalistas y evangélicos más inteligentes que se han rebelado hacia el racionalismo evangélico y, en algunos casos, ya están haciendo las paces con el liberalismo.

Por eso es que no se predica mucho de lo que enseño sobre la vida espiritual más profunda. Sé que parece extraño escuchar a alguien defender lo que hago, porque en un lado tenemos las multitudes que aseguran haber aceptado a Jesús y también declaran que intentan divertirse; y en el otro lado hay individuos serios y reverentes, cuyo camino se acerca peligrosamente a los límites del liberalismo. Con demasiada frecuencia se ha permitido que el mensaje del Nuevo Testamento y sus objetivos y métodos permanezcan inactivos. En el nombre del señorío de Jesús, que es señorío solo de nombre, hemos introducido nuestro propio mensaje, nuestros propios objetivos, y luego hemos ideado nuestros propios métodos para lograr tales objetivos. En muchos casos estos nada tienen que ver con las Escrituras.

**Debemos amar a Dios con amor perfecto, alabarlo como se merece y expresarlo con más que palabras.**

¿Crees que es herejía desear, orar y esforzarse por buscar a Dios? ¿Es eso herejía? ¿Es una mente radical la que anhela, ora y se esfuerza? ¿Puedes recordar la gran oración de la que hablé en *La nube del no saber*?: «Oh Dios, purifica los pensamientos de mi corazón, y derrama tu Espíritu, para que yo pueda amarte con amor perfecto y alabarte como tú mereces». Debemos amar a Dios con amor perfecto, alabarlo como se merece y expresarlo con más que palabras. Esto es así, aunque nos cueste todo. ¿Se trata de una herejía? ¿Deberían meternos a la cárcel por eso? ¿Deberíamos ser condenados al ostracismo por eso, a la luz de nuestros himnos y de nuestros devocionarios que se remontan hasta Pablo, a la luz de las biografías de los santos? No, creo que no.

En un libro titulado *La Filocalia*, Nicéforo plasma su deseo de ayudarnos como cristianos a avanzar en el conocimiento de Dios y de hacer lo que *La nube del no saber* llamó estar «unidos» con Dios, ser uno con Dios. Me gustaría que todos los cristianos bíblicos nos preguntáramos: «¿Podría yo estar de acuerdo con esto?». Nicéforo era un cristiano griego. Es decir, pertenecía a la Iglesia Ortodoxa Griega. No era protestante, no era católico romano, no era sirio reformado y no era cóptico ni un nestoriano. Pertenecía al lado griego, pero era un santo. Escribió un librito para ayudar a la gente a caminar con Dios, en el que expresó: «Tú, que deseas captar la maravillosa iluminación divina de nuestro Salvador Jesucristo... que buscas sentir el fuego divino en tu corazón». He aquí un erudito y santo que escribió esta obra clásica allá por el siglo XVI y que es reconocido como tal. Se atrevió a utilizar las palabras «que buscas sentir el fuego divino en tu corazón» y «que te esfuerzas por sentir la experiencia y el sentimiento de reconciliación con Dios, y que, a fin de desenterrar el tesoro escondido en el campo de tu corazón y tomar posesión de él, has renunciado a todo lo mundano, ya que anhelas que las velas de tu alma ardan brillantemente incluso ahora».

Nos hemos vuelto tan dispensacionalistas que hemos adentrado todo en el futuro, pero este hombre te asegura «que anhelas que las velas de tu alma ardan brillantemente incluso ahora». El apóstol Pablo dijo que quienes para este propósito han renunciado a todo este mundo, desean por experiencia consciente (por una experiencia consciente creeríamos que él era un psicólogo moderno) conocer y recibir el reino de los cielos que se encuentra entre ellos. Él expresó lo que he estado enseñando todo el tiempo: que Cristo habita en el corazón de todo creyente: «¿O no os conocéis a vosotros mismos, que Jesucristo está en vosotros, a menos que estéis reprobados?» (2 Co. 13:5). «Y si alguno no tiene el Espíritu de Cristo, no es de él» (Ro. 8:9). Las riquezas de la mente yacen potencialmente allí, pero nos han prohibido creerlo, o expresarlo. Nos han asfixiado, nos ha quitado el oxígeno, nos han cortado las alas y han enfriado nuestros anhelos. Por eso es que afirmo que esto parece diferente y extraño. Y las personas cuestionan: ¿Qué es esta nueva doctrina? No es ninguna doctrina nueva.

Ahora me gustaría resaltar lo que denomino la nube del ocultamiento. Cristo hizo expiación total por nosotros. Empecemos allí. Cristo hizo expiación plena. «Cristo hizo expiación por el pecado. ¡Qué maravilloso Salvador!». ¿Te gustaría que te lo dijera alguien más que podría decirlo mejor que los teólogos, la pequeña Lady Julian? He aquí lo que ella declaró: «Las preciosas reparaciones o satisfacciones, que nuestro Señor ha hecho por el pecado del ser humano, han convertido toda nuestra culpa en honor interminable». ¿Podría decirse esto de modo más amable? Las preciosas reparaciones o satisfacciones, que nuestro Señor ha hecho por el pecado del ser humano, han convertido toda nuestra culpa en honor interminable. Pablo lo dijo un poco diferente, afirmando que cuando el pecado abundó, la gracia hizo *¿qué?,* sobreabundó, haciéndonos justos y dándonos vida eterna (Ro. 5:20-21).

**Entre nosotros y el rostro sonriente de Dios hay una nube de ocultamiento.**

El rostro de Dios está vuelto hacia nosotros. Reflexionemos en eso. No permitamos que el diablo nos engañe. No dejemos que la duda nos asalte. No permitamos que lo que otros o yo digamos nos desvíe del glorioso reconocimiento de que el rostro de Dios está vuelto hacia nosotros. Como cristianos, el rostro sonriente de Dios siempre está vuelto hacia nosotros. ¿Por qué entonces no disfrutamos? Revisemos otra vez estas palabras. ¿Por qué como cristianos no reflejamos la maravillosa y divina iluminación del Salvador Jesucristo? ¿Por qué no sentimos el fuego divino en nuestros corazones? ¿Por qué no nos esforzamos por sentir y experimentar, o mejor aún por qué no sentimos y experimentamos, el sentimiento de reconciliación con Dios, así como el de conocer esa reconciliación? ¿Por qué no nos adueñamos de ella?

Ah, sé que esto a menudo se desestima al hablar de tu posición y tu posesión, pero puede llegar a ser tan frío como el hielo seco. ¿Por qué las velas de nuestra alma no arden con mayor intensidad incluso ahora? ¿Por qué no tenemos la experiencia consciente y no conocemos ni recibimos el reino existente dentro de nosotros? Porque entre nosotros y el rostro sonriente de Dios hay una nube de ocultamiento.

Consideremos por un momento que no hay un día en que el sol no brille. Un periódico de Florida ofreció regalar todo el tiraje de un día si el sol no brillaba en alguna parte. Te diré lo evidente. El sol brilla todos los días, y nunca ha habido una sola jornada desde el momento en que Dios le ordenó que señoreara en el día, en que el sol no haya brillado.

Todos debemos reconocer la existencia de días sombríos, brumosos y nublados, y de otros en que oscurece tanto que es necesario prender las luces, y que son tan oscuros en el campo que las gallinas se van a dormir temprano. Las he visto. A pesar de estos ocasionales días oscuros, el sol sigue brillando con la misma intensidad que en el día más claro y luminoso de junio. ¿Por qué entonces no brilla en la tierra? Porque entre el sol y la tierra hay una nube de ocultamiento. El sol, aunque oculto, está en todo su esplendor. Se encuentra ahí arriba sonriendo ampliamente, tan brillante, ardiente y radiante como siempre, pero su brillo no llega a la tierra porque se lo impide una nube de ocultamiento.

¿Qué es esta nube? La podemos entender muy bien desde el punto de vista del clima, pero ¿cómo se aplica espiritualmente a los cristianos y qué representa en realidad? La nube de ocultamiento es una sombra que los cristianos permitimos que nos cubra. ¿Y qué es esta sombra, considerando que la expiación ya se realizó y que no queda nada por hacer, porque todo está consumado? Ni una sola gota de sangre se debe derramar por nosotros. Ninguna lanza debe penetrar un corazón santo. Ya no es necesario verter una sola lágrima, soltar un solo gemido ni exhalar una sola gota de sudor. No se necesita ningún momento más en agonía. La muerte ya no tiene más dominio sobre Cristo. ¡Ya todo está realizado! ¡Consumado es! ¡Culminado para siempre! El rostro de Dios brilla sobre nosotros. No obstante, ¿qué es esta nube que se cierne sobre los cristianos, que se encuentra por encima de ellos? *La nube del no saber* declara: «Hay una nube de oscuridad que está entre tú y tu Dios». ¿Qué es esa nube? Bueno, es una sombra que puede tratarse de una realidad, o de muchas realidades.

Por ejemplo, existe la nube del orgullo. Eres hijo de tu Padre, el cielo es tu hogar y, sin embargo, puedes pasar toda la vida sin experimentar la maravillosa y divina iluminación del Salvador, Jesucristo, sin sentir el fuego divino en tu corazón o sin apreciar o advertir el sentimiento de reconciliación con Dios. Estás viviendo sin que las velas de tu alma ardan con gran intensidad, porque has permitido que una nube de orgullo se cierna sobre tu cabeza. El diablo te dirá que Dios te odia, que te ha dado la espalda. Pero «el diablo... es mentiroso, y padre de mentira» (Jn. 8:44).

Dios nunca le ha dado la espalda a ninguno de sus hijos ni a un pecador arrepentido desde el momento en que Jesús gimió, murió y declaró: «Consumado es». El rostro de Dios siempre está mirándonos. Pero permitimos la aparición de esta nube de orgullo y de la nube de obstinación. Hay algunas personas que sencillamente son obstinadas. No ceden. No se rinden ante el hombre, ante

Dios ni ante nadie, excepto ante la ley y la muerte; no lo harán de ninguna manera. Esta es una nube de obstinación como cuando Dios se quejó respecto a Israel: «La casa de Israel es dura de frente y obstinada de corazón» (Ez. 3:7). Dios no pudo lograr que Israel condescendiera.

Después está la nube de la voluntad propia. La voluntad propia es algo muy religioso, que puede convertirse y entrar junto con nosotros cuando nos unimos a la iglesia y entramos a la cámara de oración, pero no deja de ser obstinación. Solo es bondadosa cuando se sale con la suya, y es gruñona y malhumorada cuando se enfada. Reflexiona en esto. ¿Es tu entrega a Dios suficiente para que puedas ser espiritual, aunque estés enfadado?

**Dios nunca le ha dado la espalda a ninguno de sus hijos ni a un pecador arrepentido desde el momento en que Jesús gimió, murió y declaró: «Consumado es».**

Luego está la ambición. ¿Sabías que incluso existe la ambición religiosa? Hay personas que son religiosamente ambiciosas por algo que quizás no está dentro de la voluntad de Dios o que es para engrandecimiento personal, lo que conduce a la formación de una nube sobre ellas y entre sí mismas y su Dios. He aquí al respecto un divertido proverbio en la traducción bíblica de Knox, que me divierte porque es muy cierto y constituye una imagen perfecta del corazón humano. Así dice: «Arruinado por su propia necedad, un hombre envidia en su corazón al Señor, encontrándole faltas». Podemos ver cristianos que se portan de este modo, arruinados por su propia necedad. En su corazón envidian a Dios, incluso encontrándole faltas, teniendo lo que el mismo Señor llama una controversia con Él.

Otra nube de ocultamiento está en todo lo que reclamamos para nosotros mismos. Esto es lo que he predicado durante mucho tiempo y que supongo que es difícil de entender para algunos cristianos: que debemos renunciar a todo. Por ejemplo, mi propia posición pastoral puede estar en riesgo, y debo estar listo para renunciar a ella en cualquier momento. Debo permitir que esto suceda con cualquier sermón que predique o cualquier posición que tome. No tengo que aferrarme a mi posición. Mi trabajo como editor de la revista *Alliance Weekly*, o mi posición en el mundo religioso, ¡todo podría estar en riesgo y listo para desaparecer! Si esta sombra se cierne sobre mi cabeza, puede llegar a convertirse en una nube de oscuridad por donde nada puede penetrar.

Las personas intentarán orar para atravesarla, pero ni con la oración podrán traspasar una nube de oscuridad. Nada puede traspasarla. Es posible que intenten hacerlo ayunando. Hay gente que ayuna durante días por pura terquedad. La historia nos muestra que, en todo el mundo, algunas personas han ayunado y hasta han muerto con motivaciones políticas solo por pura y llana testarudez. Aquellos que intentan ayunar para atravesar la nube de oscuridad descubrirán que es inútil. No puedes hacerlo, amigo.

Una nube de oscuridad en tu vida podría ser tal vez algo que afirmas que es tuyo, pero a lo cual no deseas renunciar. Crees que podrás dejarlo atrás, pero no es así. Habrá un velo encima y, si hay algo de sol, no será muy resplandeciente. Habrá una nube y no podrás atravesarla con oración. La idea es que, si tan solo oras lo suficiente, todo saldrá bien. ¿Sabías que Dios ha levantado a algunas personas de sus rodillas y les ha dicho que dejen de orar? Hubo dos casos distintos en que el Señor detuvo reuniones de oración. ¿Sabías eso? Él dijo que no servían de nada. Una fue del varón Samuel, quien oraba y oraba. Dios llegó, le puso la mano en la boca y le dijo: «Samuel, ya no ores más por Saúl, pues está acabado. No ores por él». Y Dios lo silenció.

Hubo también otro caso en que Josué estaba postrado sobre su rostro orando. Habríamos escrito un tratado acerca de él, expresando: «Vaya, ¡qué hombre tan santo!». Pero Dios habría dicho: «¿De qué sirve estar postrado sobre tu rostro? Yo no honro a un hombre por estar así. Levántate y enfrenta la situación con tu multitud y entonces te bendeciré y te ahorraré todo eso de estar postrado sobre tu rostro y gimiendo».

> **Hay personas que son religiosamente ambiciosas por algo que quizás no está dentro de la voluntad de Dios o que es para engrandecimiento personal.**

Por tanto, recuerda la equivocada idea moderna de que, si oras lo suficiente, todo saldrá bien. Resulta ser la idea de que puedes aferrarte a las cosas y luego orar para que la nube desaparezca mientras te agarras de ella. No, no puedes hacer esto. Sin embargo, el santo de Dios entiende que debe dejar de aferrarse a las cosas y luego, tras largas temporadas de oración, Dios le dará una respuesta a su oración. La oración es el sincero deseo del alma y el aliento del santo, todo aquello en lo que cree, piensa y practica en alguna medida.

El miedo es otra nube de oscuridad. El miedo siempre es un hijo de la incredulidad. No importa a qué le tengamos miedo, sea al cáncer, a la posibilidad de que un hijo se enferme o a que perdamos el trabajo, recordemos siempre: el miedo es un hijo de la incredulidad. Y el miedo sobre nuestra cabeza es una nube de oscuridad que oculta de nosotros ese Rostro sonriente. Pero la verdad es que el miedo no aparta al Rostro, porque, por la sangre de la expiación, Él lo mantiene vuelto hacia su pueblo y hacia los pecadores arrepentidos.

Lo siguiente es el amor propio. Nos burlamos de esto, pero no deberíamos hacerlo, amigo, porque el amor propio es una nube de ocultamiento, una nube de oscuridad. Incluso el cristiano que se ha ofrecido a Cristo, que ha creído y se ha convertido, puede mantener una nube de oscuridad sobre sí mismo amándose personalmente. Y dejar de amarse uno mismo es un accidente, es algo raro. No me refiero a un accidente como caerse de algo, sino más bien a lo anormal de no amarse a uno mismo.

Con el amor propio se relaciona la autocomplacencia y la admiración propia. Estos pecados personales están allí y seguirán allí. Lo extraño de ellos es que los escribas modernos los han excusado y han demostrado que deberían estar allí, por lo que no podemos hacer nada al respecto. Sin embargo, en nuestro interior clamamos: «¡Ah, que las velas de mi alma puedan arder con gran intensidad, incluso ahora! ¡Oh, que yo pudiera conocer la iluminación divina de mi Salvador, Jesucristo!». Y nuestros gemidos se remontan a Pablo en Filipenses. Se remontan a David en los Salmos, a fin de que podamos entrar en una comunión personal, actual y duradera con Jesucristo para que crezca e irradie nuestros corazones. No podemos conseguirlo porque nos admiramos mucho y no vamos a permitir que nadie nos moleste. O nos complacemos a nosotros mismos o nos amamos personalmente.

¿Puedo añadir el dinero a nuestra lista de nubes? Hoy día el dinero se interpone «entre tú y tu Dios», como lo llama el hermano mayor. El dinero se interpone entre tú y tu Dios. Hace años, un evangelista señaló en mi presencia que se pueden tomar dos monedas de diez centavos y hacer desaparecer un paisaje. Puedes llevar contigo dos monedas a las Grandes Montañas Humeantes, ir directamente a la cima y con las monedas suprimir toda la vista gloriosa, verde, ondulante y con casquete azul de las Humeantes. Simplemente hay que colocarlas frente a los ojos y acercarlas lo más que puedas. Eso es único que se necesita. Las montañas siguen allí sonriendo en el sol, pero no puedes verlas porque tienes una moneda frente a cada ojo. En realidad, no se necesita mucho dinero. Algunos que no tienen mucho dinero suelen hacer comentarios sarcásticos respecto al hombre rico. Tú puedes ser rico y aun así solo tener diez dólares. Si estos se interponen entre tú y tu Dios, esa nube te oculta a Dios.

**La oración es el sincero deseo del alma y el aliento del santo, todo aquello en lo que cree, piensa y practica en alguna medida.**

Luego están las personas, simplemente personas comunes y corrientes. El Señor nos dice que no debemos temer al ser humano en quien sopló aliento de vida. A pesar de ello, hay individuos que son cristianos, pero que tienen una nube de miedo sobre ellas, una nube constante de temor. Estas personas desean encajar en la sociedad. Los sociólogos nos dicen que debemos hacer esto. Declaran que debemos adaptarnos a la sociedad. Las escuelas están ocupadas, pero en lugar de enseñar historia, escritura, lectura, aritmética y todo lo demás, enseñan a los niños a adaptarse para que no sean raros y sencillamente se lleven bien con los demás. Si ese es tu objetivo, tienes una nube sobre tu corazón, amigo cristiano.

Otra nube de oscuridad son nuestros amigos y el lugar que les damos, cualquiera que sea. Nuestros seres amados pueden oscurecer nuestra visión de Dios. Esta es la nube más tierna y quizás la más difícil de eliminar, pero debemos estar dispuestos a renunciar a todo por Dios.

Podrías preguntarte: «¿Qué hago con esto, si esta nube está sobre mi cabeza y se ha convertido en una nube de oscuridad? Mi Padre me sonríe, pero no puedo verle el rostro. ¿Qué debo hacer?».

Bueno, el hermano mayor en *La nube del no saber* sugiere una hermosa ilustración que tomo prestada. La llama una nube del olvido, y él declara: «Debes extender una nube del olvido por debajo de ti, entre tú y todo lo creado». Pablo dijo exactamente lo mismo: «Una cosa hago: olvidando ciertamente lo que queda atrás, y extendiéndome a lo que está delante, prosigo a la meta» (Fil. 3:13-14).

Mira que lo que estaba detrás de Pablo era una nube, que si hubiera estado frente a él habría dejado fuera a Dios. El apóstol puso eso detrás de él: sus derrotas, sus equivocaciones, sus errores, sus desatinos, las veces que se había postrado sobre el rostro y la vez que el Señor lo había reprendido por orgulloso. Dejó atrás todo esto y bajo sus pies como una nube de olvido. Y *La nube del no saber* afirma que nosotros también debemos hacer lo mismo y que nada debe impedirnos ver a Dios. «Tu obligación es no vincularte a criatura alguna, sea material o espiritual, ni a su situación ni hechos, sean buenos o malos. Para expresarlo brevemente, durante este trabajo has de abandonarlos a todos ellos bajo la nube del olvido». Tenemos que poner esa nube de olvido bajo nuestros pies.

Esa es la labor del cristiano. Y por eso la enseño. Algunas personas comprenden esto y se dedican a hacer algo al respecto. Otras no lo hacen. Otras más han llegado a su Cades Barnea una vez a la semana durante años, han regresado al desierto y se preguntan por qué tienen arena en los zapatos. Es porque no quisieron entrar a Cades Barnea. Así que con toda razón debemos poner una nube del olvido detrás de nosotros y de todo lo que ha representado una nube de oscuridad. Ahora todo eso se convierte en una nube del olvido.

Mientras tanto, el rostro de Dios sigue sonriendo y ninguna de las nubes que he mencionado, ni ninguna otra nube que el diablo pueda hacer explotar, cambiará a Dios. El diablo puede desatar una tormenta y ponerla de manera vivencial entre tú y el rostro de tu Dios. Sin embargo, recuerda que Dios espera dentro del velo. Cambiando la ilustración diríamos que Él espera que tú asciendas.

Recuerdo hace algunos años haberme subido a un avión en el Aeropuerto La Guardia de Nueva York. Eran alrededor de las tres de la tarde. El amable, sonriente y relajado piloto salió y pronunció una corta alocución. Él sabía que los ineptos como yo nos preocuparíamos por el vuelo porque ese día el cielo se había desatado, realmente llovía a cántaros. Nos dijo que partiríamos en un momento, pero que unos quince minutos después estaríamos arriba a plena luz del sol... solo quince minutos para ver la luz del sol. Siguió diciendo que los informes meteorólogos mostraban cielos despejados desde Nueva York hasta Chicago. Así que ascendimos en ese avión casi sintiendo cómo atravesábamos la densa niebla, y en quince minutos teníamos la nube bajo nuestros pies y el brillante sol encima de nosotros. A medida que ascendíamos, incluso las nubes se volvían blancas debajo de nosotros.

Si has volado a menudo, es probable que hayas tenido la misma experiencia de ver esas oleadas de crema chantillí debajo de ti, tan blancas como clara de huevo batida. Cuando estás debajo de ellas y miras hacia arriba, parecen algo brumoso, deprimente y neblinoso que ha bloqueado el sol. Pero en pocos minutos tienes ese peligro debajo de tus pies. ¿No es agradable despegar entre la niebla y la lluvia, y volar mil quinientos kilómetros hasta casa bajo el sol?

Bueno, a eso es a lo que me refiero. Vas a tener que poner estas nubes por debajo de tus pies. Vas a tener que ser intencional y hacer algo más que simplemente sentarte y dejar que el tiempo transcurra. Vas a tener que trabajar en ti mismo. ¡Ah, pero existen aquellos que tienen todas las excusas del mundo! Simplemente no ascienden. Prefieren quedarse aquí abajo en la niebla mientras el sol brilla intensamente sobre las nubes. Creen que el sol no brilla cuando en realidad sí lo está haciendo. Pon todo debajo de ti, amigo mío; pon todo bajo tus pies.

¿Qué son estas nubes? Tienen que ver con dinero, personas, amigos, posición, seres amados, miedo, todo eso que reclamamos y llamamos nuestro. Son también ambiciones, orgullo, obstinación, voluntad propia y cualquier otra cosa que el Espíritu Santo podría señalar en tu vida. Solo tú sabes cuáles son tus nubes. Dios es un amante celoso y no tolerará rivales. Cualquiera que sea el rival, es una nube entre tú y Dios. No estoy sugiriendo que no estás unido a Él, ni que no hayas sido justificado. Lo que sugiero es que, a esta iluminación maravillosa y divina, a esta capacidad de amarlo perfectamente y alabarlo con dignidad, la han ahogado y aplastado, y por generaciones se ha enseñado muy poco. Nos hace falta esta iluminación, y nos hace falta porque no ponemos bajo nuestros pies la nube de oscuridad que no nos permite ver a Dios. Permitimos que ella se interponga entre nosotros y nuestro Dios.

Amigo, si pones la nube debajo de ti descubrirás que esconde todo el pasado y todo lo que te ha molestado y avergonzado, y que ahora te entristece y preocupa. Todo eso se encontrará allá abajo, estará allá afuera, habrá desaparecido y no quedará nada más que el cielo diáfano por encima. Si ya has puesto la nube debajo de ti, entonces ahora «Dios quiere que lo mires y le permitas obrar».

A. B. Simpson compuso una vez una canción que ya nadie canta por al menos un par de razones. Una es que la melodía es mala. La segunda es que describe una experiencia que muy pocos poseen. La canción dice:

*Estrecho la mano del amor divino,*
*reclamo para mí la promesa de gracia,*
*y esta contraseña eterna:*
*«Yo tomo»; «Él se compromete».*

*Yo te tomo, bendito Señor,*
*me entrego a ti;*
*y tú, según tu palabra,*
*te comprometes por mí.*

Cristo no tiene que volver a morir. No es necesario volver a levantar una cruz. No es necesario añadir ningún valor a la expiación.

El rostro de Dios sonríe sobre su pueblo, pero las nubes lo ocultan... tanto tu nube como la mía. Hay quienes podrían cuestionar: «Pero eso únicamente se aplica a los pecadores. Es verdad para los reincidentes. No podría ser verdad para las personas del buen evangelio. Es cierto para las masas populares». Y debido a que esa nube ha estado sobre tales personas, y a que les han enseñado que no pueden elevarse, se apresuran a obtener un poco de la esencia del teatro, se apresuran a obtener un poco de calor a través del sentimiento de una balada de hermosa melodía entonando canciones religiosas y teatrales, y todo lo demás. No culpo a estos individuos. Han sido engañados y los legalistas los han agraviado como en los días de Jesús, quien caminó entre hombres en esa época y lo hizo con ojos radiantes y visión aguda. Por eso dijo a quienes escuchaban sus palabras: «Hagan todo lo que les digan que hagan, porque teológicamente están en la verdad, pero no sean como esos legalistas». Entonces ellos expresaron: «Debemos matar a ese hombre», y lo mataron. Pero Él resucitó al tercer día y envió el Espíritu Santo al mundo. Él es mío y tuyo, es nuestra dulce posesión.

No permitas que nadie te diga cuánto puedes tener de Dios. Solo Él puede decirte cuánto puedes obtener. No dejes que alguien te lleve a un lado y te diga que no te emociones y que no te vuelvas fanático. No permitas que te digan que posees todo lo que existe. No dejes que eso te suceda. Tan seguro como que Dios vive, si continuamos en la dirección en que hemos estado moviéndonos en círculos evangélicos, lo que ahora es fundamentalismo en poco tiempo será liberalismo. Debemos recuperar el Espíritu Santo. Tenemos que tener el rostro de Dios brillando sobre nosotros y las velas de nuestras almas encendidas. Debemos volver a detectar, sentir y conocer la iluminación maravillosa y divina de Aquel que dijo: «Yo soy la luz del mundo» (Jn. 8:12).

> **Muchos cristianos han estado caminando durante mucho tiempo bajo una nube... Tienen que ponerla debajo de sus pies y elevarse por encima de la nube.**

Muchos cristianos han estado caminando durante mucho tiempo bajo una nube. Podrían situarse por encima de ella, pero no lo consiguen porque han intentado hacerlo orando para poder elevarse. Han tratado de creer en una forma de elevarse, pero no funciona de esa manera. Es imposible. Tienen que ponerla debajo de sus pies y elevarse por encima de la nube. Deben poner de lado todas estas cosas entre ellos y todas las criaturas que Dios ha creado, y mirar hacia la luz del sol. Entonces podrán relajarse, porque no hay nada que puedan hacer.

¿Qué podemos hacer los seres humanos? No podemos llenarnos nosotros mismos con el Espíritu Santo. No podemos limpiar nuestro propio corazón. Ni tú ni yo podemos crucificarnos nosotros mismos. No tenemos la capacidad de hacer eso. Es Dios quien debe hacerlo y lo hará. Él espera hacerlo, en forma optimista y amigable. Él está de nuestro lado anhelando ayudarnos, dispuesto a hacerlo, ansioso por hacerlo, si podemos usar la palabra *ansioso* con respecto a Dios. Pero nos sentamos, nos desanimamos y nos deprimimos. Hemos estado en muchos altares, hemos leído demasiados libros y estamos todos confundidos. Sin embargo, el sol brilla y la nube todavía se cierne en lo alto. Aun así, el pobre pueblo de Dios no la aplastará bajo sus pies.

«Estaremos debajo del sol en quince minutos —dijo el piloto—. Estaremos debajo del sol en quince minutos», te dice el hombre de Dios ahora mismo si lo pones todo debajo de tus pies. Atrévete a poner todo eso debajo de tus pies y mirar al Señor Jesús, sin tratar de decirle qué hacer ni cómo hacerlo. Míralo a Él y déjalo obrar. Y en las próximas horas, días y semanas ascenderás a un lugar de descanso y poder espiritual como nunca antes habías conocido, y experimentarás una liberación maravillosa de la esclavitud, una libertad extraordinaria. Creerás en las Escrituras. Creerás en la Palabra de Dios, en su inspiración verbal y en su total importancia plenaria. Creerás en ella, y de ella saldrá una fragancia, un resplandor y una iluminación con la que nunca antes habías soñado.

¿Crees que alguien podría plantear alguna objeción válida al respecto? Si yo hubiera creído que nadie podría plantear una objeción válida, no lo preguntaría. El Nuevo Testamento enseña que los integrantes del pueblo del Señor se reunían, oraban juntos, oraban unos por otros. Los fuertes oraban por los débiles y por los que habían caído. Pero no solo oraban, también se ayudaban de manera práctica. En una ocasión se reunieron y oraron juntos, y el lugar se estremeció y todos fueron llenos del Espíritu Santo. Eso también está en el libro. Está en la Biblia. Es decir, hasta que el acontecimiento fue descartado y se nos dijo que esto no podía ser para nosotros hoy día.

La bendita Santa Paloma fue obligada a plegar las alas y callar mientras los santos que creyeron en ella, e irradiaron su gozo, la disfrutaron durante años que quedaron en el pasado. Hoy día se nos ha dicho que callemos. Los escribas nos han dicho qué creer al respecto. Pero nuestros propios corazones hambrientos nos dicen que los escribas están equivocados, y nuestras almas anhelantes nos dicen que los compositores de himnos, los escritores devocionales y aquellos cuyas biografías hemos leído… tenían razón.

# OBSTÁCULOS EN NUESTRO CAMINO

El apóstol Pablo afirma en Filipenses 3 que todo aquello que para él era ganancia lo consideraba como pérdida por Cristo. Solo quería ser hallado en Cristo, sin tener su propia justicia, sino la justicia que es de Dios a través de la fe, o por la fe. Pablo declaró: «Si en alguna manera llegase... No que lo haya alcanzado ya, ni que ya sea perfecto; sino que prosigo... olvidando ciertamente lo que queda atrás, y extendiéndome a lo que está delante» (Fil. 3:11-13). Así que, todos los que somos perfectos, desarrollemos esa mentalidad.

Este hombre, este varón tan beligerante, este ser valiente, este mortal de pie firme y este individuo santísimo, movido por el Espíritu Santo, aseguró en Hechos que, en cada ciudad, «me esperan prisiones y tribulaciones. Pero de ninguna cosa hago caso, ni estimo preciosa mi vida para mí mismo, con tal que acabe mi carrera con gozo» (Hch. 20:23-24). En 1 Corintios 4:15-16 aseguró con aspereza: «aunque tengáis diez mil ayos en Cristo, no tendréis muchos padres; pues en Cristo Jesús yo os engendré por medio del evangelio. Por tanto, os ruego que me imitéis». Otra vez en 1 Corintios, pero ahora en el capítulo 5, expresó: «Yo... ya como presente he juzgado al que tal cosa ha hecho. En el nombre de nuestro Señor Jesucristo... el tal sea entregado a Satanás para destrucción de la carne, a fin de que el espíritu sea salvo en el día del Señor Jesús» (vv. 3-5). En Gálatas 6:17 advirtió: «De aquí en adelante nadie me cause molestias; porque yo traigo en mi cuerpo las marcas del Señor Jesús».

Pues bien, esos solo son algunos textos, pero los encontrarás todos a lo largo de Hechos y las epístolas. Había un paso firme en el varón Pablo. Nada de arrastrarse sobre su vientre. Este hombre sabía lo que creía. Sabía a qué atenerse. Conocía a Dios y poseía una gran confianza cósmica. Sin embargo, este mismo hombre era el más desconfiado en sí mismo, porque en 1 Corintios 15:9-10 indicó: «yo soy el más pequeño de los apóstoles, que no soy digno de ser llamado apóstol... Pero por la gracia de Dios soy lo que soy». En 2 Corintios continúa explicando: «tenemos este tesoro en vasos de barro, para que la excelencia del poder sea de Dios, y no de nosotros» (v. 7). Luego en 1 Timoteo 1:15 aseguró: «Palabra fiel y digna de ser recibida por todos: que Cristo Jesús vino al mundo para salvar a los pecadores, de los cuales yo soy el primero». Y en Romanos 7:18 reveló: «yo sé que en mí, esto es, en mi carne, no mora el bien».

Por favor, comprende que no he agotado estos textos; solo te he dado cuatro o cinco textos de prueba en cada lado. Por tanto, podemos concluir correctamente que el gran triunfo personal de Pablo fue el resultado de una desconfianza total y radical en sí mismo. La confianza en nosotros mismos es nuestro último gran obstáculo para el triunfo espiritual. Pablo simplemente no confiaba en sí mismo. Ante los hombres era valiente como un león. Ante Dios no podía decir demasiado en contra de sí mismo. Más bien, no tenía ninguna confianza en sí mismo, y su confianza en Dios era inversamente proporcional a su confianza en sí mismo. En la medida en que confiaba en sí mismo, no confiaba en Dios. En la medida en que desconfiaba de sí mismo, se arrojaba a Dios.

La confianza en uno mismo, la respetabilidad y la seguridad personal que vienen por educación, por nacimiento, por lo que escuchamos de nosotros mismos y por lo que nuestros amigos nos dicen acerca de nosotros, son los últimos grandes obstáculos que deben desaparecer de la vida del cristiano. Como explicaré, aunque creamos que tales obstáculos han desaparecido, aún están ahí. Por eso es que esperamos junto al río profundo de Dios como animales alrededor del pozo de agua, temerosos de entrar y, por tanto, nunca entramos.

**La confianza en nosotros mismos es nuestro último gran obstáculo para el triunfo espiritual.**

Hubo un anciano llamado Lorenzo Scupoli a quien deseo citar un poco. Tenía un nombre maravilloso. Creo que Lorenzo Scupoli fue uno de esos extraños protestantes que, durante su vida, libró una lucha constante y fue considerado (más o menos) un hereje a causa de sus puntos de vista evangélicos. Hace cuatrocientos años manifestó: «La desconfianza en ti mismo te es tan necesaria en este combate que sin ella no tendrás seguridad para luchar». Lo que me gusta de hombres como este, como Pablo y como otros, es el lenguaje claro y agudo que utilizan. Lorenzo afirmó que esta desconfianza en ti mismo es tan necesaria para ti en este combate espiritual, que sin ella debes tener la seguridad de que no podrás obtener la victoria deseada: desconfía de ti mismo.

Scupoli sigue diciendo: «Nuestra naturaleza corrupta nos inclina con demasiada facilidad a tener una opinión falsa de nosotros mismos». Él asegura que sin ningún fundamento en absoluto presumimos vanamente de nuestras propias fuerzas. Luego describe esta opinión falsa de nosotros mismos como «un defecto muy difícil de comprender y muy desagradable ante los ojos de Dios, quien nos ama y desea en nosotros un reconocimiento leal de que toda gracia y toda virtud proceden solo de Él. Solamente Dios es la fuente de todo bien, y nada, ni siquiera un buen pensamiento, debe provenir de nosotros, a menos que esté dentro de la voluntad divina».

En nuestra cultura evangélica actual puedes convertirte, nacer de nuevo y andar por ahí testificando durante cien años y nunca descubrir esto. Obviamente, la mayoría de nosotros no hemos vivido cien años y aún no hemos descubierto esta realidad. No hemos descubierto lo que Pablo averiguó, aunque lo citamos con ligereza. Sin embargo, no asimilamos esta verdad: el principal obstáculo para la victoria espiritual es la confianza en nosotros mismos.

La confianza en nosotros mismos puede ser más fuerte que antes una vez que el pecado se haya eliminado; es decir, que en nuestra búsqueda de Dios haya quedado atrás todo pecado conocido. También la confianza se fortalece después que todos los pecados personales que conocemos se hayan crucificado, que hayamos dejado de jactarnos y que hayamos dejado de amarnos a nosotros mismos y de creer que hemos dejado de lado los pecados consecutivos. La confianza en nosotros mismos es mucho más fuerte que antes una vez que tengamos la seguridad de haber muerto al pecado por medio de Jesucristo, después de habernos humillado públicamente acudiendo a un altar porque, como puedes ver, esa confianza ahora tiene más y verdaderos cimientos sobre los cuales edificarse.

Así, una vez que hemos abandonado nuestros pecados, tras haber renunciado a nuestra riqueza, después de haber asumido la posición de pobres y de haber permitido que nos vapulearan, y de que nos han restregado la nariz en el polvo, entonces la confianza en nosotros mismos susurra su consuelo. Mucha gente confunde el consuelo de ese susurro humano con el Espíritu Santo y, por eso, estamos tan débiles cuando creemos que somos fuertes. El consuelo personal, o la confianza en nosotros mismos, susurra algo como esto: «Ahora estás muy por delante de los demás».

Cuando te sientes muy por delante de los demás, cuando crees que has dejado atrás tu pecado y que te has confesado y humillado, el ego manifiesta: «Puedes confiar en ti mismo, por supuesto con la ayuda de Dios, y puedes esperar a que llegue la victoria y creer que el poder está de tu parte. No eres uno de estos muertos, sino que eres uno de estos vivos». Y el ego también te dice: «Te ha costado mucho, ¿verdad?». Luego el ego te da palmaditas en la espalda y lo disfrutas mucho. Entonces el ego añade: «Ya dejaste atrás tu pecado, ¿no es así? Sí. Además, te has humillado. Pronto vas a llegar a alguna parte. Desde luego, comprendes que esto solo sucederá con la ayuda de Dios».

**Nuestra naturaleza corrupta nos inclina con demasiada facilidad a tener una opinión falsa de nosotros mismos.**

Eso es confianza en uno mismo. Y casi todo el gozo que el cristiano promedio tiene es de las palmaditas en la espalda que el ego le da. Es el único placer que recibe. Si rascamos a un gato entre las orejas, cerrará los ojos. En Pennsylvania a esto solíamos llamarlo «sometimiento». ¿Sabes qué significa *sometimiento*? Se trata de una antigua expresión que significa agachar la cabeza. Un gato agachará la cabeza porque le encanta que se la rasquen. Una vaca se acercará y pondrá la cabeza sobre la cerca para que le rasquemos entre las orejas y le demos palmaditas; esto le encantará y se quedará parada allí.

El ego siempre está rascándole el oído a los hijos de Dios. Cuanto más se adentran y profundizan en la voluntad divina, más palmaditas en la espalda reciben. Y el ego les declara: «Bueno, ciertamente tienes claro el panorama. Has leído a Thomas à Kempis y eres diferente. Te gustan los himnos antiguos y eres un cristiano separado. Ninguna de estas locuras modernas es para ti. Eres superior». Pero no sabes lo que está ocurriendo en ti. Estás sintiéndote bien. La frase «estás sintiéndote bien» tiene estrictamente que ver con un ego que aún no ha muerto y que te está dando palmaditas. Allí está la confianza en ti mismo que creías que había desaparecido.

¿Por qué la confianza en uno mismo es tan mala? Lo es porque le roba a Dios para darle al hombre. Le quita a Dios la confianza última y definitiva. Juzga mal tanto a Dios como al hombre, y considera que Dios es menos de lo que es y que el hombre es más de lo que es. Este es principalmente nuestro problema. Creemos que Dios es menos de lo que es y que el hombre es más de lo que es. Podemos ir al instituto, estudiar teología, aprender que Dios es el origen y la fuente y todo lo demás, y luego aprender acerca de sus atributos, e incluso creer en nuestros corazones que Dios es menos de lo que es y que nosotros somos más de lo que somos.

Pensemos en la luna. Supongamos que ella pudiera hablar, pensar y tener personalidad. ¿Qué tal que la luna dijera: «Pues bien, yo brillo sobre la tierra, y cada vez que la rodeo me doy cuenta de que se pone hermosa»? Alguien podría expresar: «¿No sabes que por ti misma eres ceniza quemada? ¿No sabes que te descubrieron y averiguaron que no brillas en absoluto? Solo reflejas la luz del sol. Es el sol el que brilla».

Me imagino la confianza propia diciéndole a la luna: «Bueno, permites que tu luz brille y estás haciéndolo bien. He observado que cuando no estás arriba todo el lado de la tierra yace en oscuridad, pero que cuando vienes se ilumina y se empiezan a ver los cuartos de las casas. Haces un buen trabajo». La luna asentiría y diría: «Bueno, la gloria le pertenece a Dios y por su gracia yo soy como soy». Sin embargo, la luna siempre cree que está brillando cuando no lo está haciendo en absoluto. Solo refleja. El apóstol Pablo podía brillar valientemente y hablar al respecto porque sabía que no era él quien brillaba. Sabía que no tenía nada que fuera digno del cielo. Era la gracia de Dios en Pablo, y este sabía que se trataba de Dios y no de él. De manera total y radical desconfiaba de sí mismo.

Ningún ser humano se conoce realmente. No sabe lo débil que es. Ninguno comprende de veras cómo suena su voz. Todos creen que su voz suena bien hasta que la escuchan en una grabación. Una de las cosas más humillantes que me ha sucedido fue cuando escuché la grabación de mi primer sermón. No he podido soportarlo desde ese momento. Puede que no soporte el sonido de mi propia voz, pero la grabación no miente. Hasta entonces me habían dicho que yo tenía una buena voz para predicar. La gente comentaba: «Tienes buena voz». Pero luego la escuché.

Nadie conoce el sonido de su propia voz hasta que la escucha. Y nadie sabe lo débil que es hasta que Dios lo pone al descubierto. Nadie quiere que lo pongan al descubierto, pero Dios tiene que hacerlo, pues lo que consideramos nuestra fortaleza realmente es nuestra debilidad. Si repasamos nuestra vida de manera reverente y cuidadosa en oración y escribimos en una libreta lo que creemos que son nuestras virtudes, esas en realidad son nuestras debilidades; y esas mismas «virtudes» son el origen de nuestros problemas. La única manera de tratar con nosotros mismos es apartar la mirada y ver solo a Dios, como he estado insistiendo. Simplemente debemos dejar de pensar por completo en nosotros mismos.

Nadie puede saber realmente cuán débil es y nadie puede saber cuán malo es hasta que el Espíritu Santo lo pone al descubierto. Nadie quiere que lo pongan al descubierto y que se exhiba lo inestable que es. ¿Recuerdas a Hazael en el libro de 2 Reyes en el Antiguo Testamento, quien declaró: «¿Qué es tu siervo, este perro, para que haga tan grandes cosas?» (2 R. 8:13). Al parecer, lo dijo en serio, se fue directo a casa e hizo esas grandes cosas. El profeta le dijo a Hazael que mataría a su amo, por lo que Hazael respondió: «¿Qué es tu siervo, este perro?». El profeta no contestó, pero Hazael se fue a casa, le puso a su amo un paño húmedo en el rostro y lo asfixió hasta matarlo.

¿Recuerdas a cierto pescador, grandioso, viejo y audaz que se levantó y declaró: «Aunque todos se escandalicen, yo no»? (Mr. 14:29). El Señor le contestó: «antes que el gallo haya cantado dos veces, me negarás tres veces» (v. 30). Y lo negó tres veces. Descubrirás que nadie sabe en realidad lo inestable que es. Por eso es peligroso confiar en nuestros buenos hábitos. Por eso es peligroso confiar en nuestra virtud, porque somos inestables.

¿Cómo aprender entonces a desconfiar de nosotros mismos? Hay cuatro formas en que Dios nos enseña a desconfiar. Puede haber otras, pero estas cuatro son formas válidas. El escritor de *La nube del no saber* nos dice que esta desconfianza es obra de la mano de Dios. Y esta afirmación la apoyan y confirman casi todos los escritores devocionales, los grandes humanistas o las personas sobre las que se han escrito biografías. El antiguo autor asegura que a veces esta desconfianza viene por inspiración santa, la cual creo que es la mejor manera de conseguirla. La mejor forma de averiguar que no somos buenos es que Dios nos conceda una inspiración santa en el alma y nos lo haga saber de repente. Creo que eso ha ocurrido con algunos de nosotros.

Nicholas Herman, quien fue llamado Hermano Lawrence, afirmó que él tuvo esa experiencia. Dijo que nunca estuvo fuera de la presencia de Dios en cuarenta años, que nunca estuvo fuera de la presencia consciente de Dios. Agregó: «Cuando tomé la cruz y decidí obedecer a Jesús y recorrer esta senda santa, de leer y escuchar, deduje que debía sufrir mucho». También manifestó: «Por alguna razón, Dios nunca me consideró digno de sufrir demasiado. Simplemente me dejó seguir confiando en Él. Dejé a un lado la confianza en mí mismo y me dediqué por completo a confiar en Dios». Parafraseándolo, él se echó su cruz a cuestas. Expresó que creía que Dios siempre estaba en él, alrededor de él y cerca de él mientras oraba. El Hermano Lawrence indicó: «Él nunca me ha hecho sufrir demasiado».

**Nadie puede saber realmente cuán débil es y nadie puede saber cuán malo es hasta que el Espíritu Santo lo pone al descubierto.**

A lo largo de mi ministerio, he hablado un poco de la viejecita Lady Julian y ahora muchos están buscando sus libros y todo lo demás. Ella solo escribió un libro. Y aparte de esa única experiencia en que recibió sus tres heridas, no tuvo que sufrir mucho. Dios le concedió por inspiración santa una luz en el corazón, y ella supo instantáneamente que no era buena y que Jesucristo lo era todo; así que la mujer se mantuvo en su fe hasta que murió, creciendo cada día.

La manera más fácil de generar desconfianza en nosotros mismos sería que, mediante una dulce y repentina inspiración santa, el Señor simplemente entrara en nuestros corazones a través de las

Escrituras y nos dijera lo malos que somos. Podemos ser creyentes confirmados, pero en total depravación y tan orgullosos como Lucifer, y confiar en nosotros mismos de modo que cerremos el rostro de Dios e impidamos la obtención de la victoria. La depravación teológica total no es en absoluto a lo que nos referimos aquí. Resulta que soy de los que creen según las Escrituras que el hombre es extranjero por nacimiento y pecador por decisión. Nunca he creído en algo más. Nunca he tenido ningún problema con la teología.

Durante años he recibido cartas de personas que me escriben sobre sus dificultades con la teología. O no tengo suficiente sentido común o el amado Señor me protege, porque nunca me ha preocupado ni intranquilizado la depravación total; tampoco me ha preocupado el hecho de haber heredado el mal de mi padre. No sé nada al respecto. Lo único que sé es que tan pronto como tuve la suficiente edad para pecar, el pecado me enganchó. Y sé que todos los niños que he conocido o visto han hecho lo mismo.

Sin importar quién seas, toda raza y toda nacionalidad tienen sus vicios, ¿no es así? Cada individuo, cada nacionalidad, cada uno tiene su propia depravación. Pero hay una depravación sobresaliente. Dios sabe que puede haber miles, pero al menos una sobresale, porque todos somos iguales. Nacemos perversos. Y no podemos creer esto, aceptarlo y enseñarlo con valentía a los demás. Y tal vez quienes más confían en sí mismos sean aquellos a quienes se les cita con mayor frecuencia. Todas nuestras justicias son trapos de inmundicia. Me cuido de poner la *ese* al final para confirmar el hecho de que no es algo simplemente singular, sino plural. Nuestras justicias son trapos de inmundicia.

Ahora bien, podemos testificar que es necesario que el Espíritu Santo nos diga y nos haga ver que somos malos. Se necesita que el Espíritu Santo nos diga y nos haga ver que somos débiles. El maestro puede decirnos lo débiles que tú y yo somos, y sin embargo seguimos adelante, obtenemos un título y perseveramos hasta convertirnos con orgullo en predicadores, o tal vez en misioneros o maestros bíblicos. Pero Pablo nos asegura que Dios suele conceder a sus amigos desconfianza en sí mismos, por eso les dice y les enseña a sus amigos judíos que desconfíen de sí mismos; a veces lo ha hecho a través de inspiración santa o también de duros azotes. Allí es más donde yo entro. A veces con duros azotes.

No sé a quién podríamos utilizar como una mejor ilustración que al varón llamado Job. Nos compadecemos mucho de él con simpatía humana. Y, en cierto modo, nos ponemos de su parte contra Dios si no tenemos cuidado de nosotros mismos. Sin duda, podemos ponernos de parte de Job contra su esposa. Lo único bueno que sé de ella es que no se la volvió a citar. No sé qué le ocurrió, pero salió del escenario. No obstante, ¿has observado que este varón Job distaba mucho de ser un hombre humilde? ¿Lo habías notado? ¿Lo notaste alguna vez? Job era una persona que oraba. Fue alguien que había hecho sacrificios por sus hijos en caso de que hubieran pecado la noche anterior durante la fiesta que habían tenido. Job no podía impedirles que tuvieran la fiesta, pero sí podía ir de rodillas delante de Dios para orar por ellos, y así lo hizo.

Job declaró en el último tercio de su extenso discurso:

> ¡Quién me volviese como en los meses pasados, como en los días en que Dios me guardaba, cuando hacía resplandecer sobre mi cabeza su lámpara, a cuya luz yo caminaba en la oscuridad; como fui en los días de mi juventud, cuando el favor de Dios velaba sobre mi tienda; cuando aún estaba conmigo el Omnipotente, y mis hijos alrededor de mí; cuando lavaba yo mis pasos con leche, y la piedra me derramaba ríos

> de aceite! Cuando yo salía a la puerta a juicio, y en la plaza hacía preparar mi asiento (Job 29:2-7).

Job era considerado alguien importante en su época porque eso es lo que se hacía entonces. No tenían ayuntamiento. Había un lugar donde todas las personas importantes se sentaban. Job declaró: «Los jóvenes me veían, y se escondían; y los ancianos se levantaban, y estaban de pie» (Job 29:8). ¿Quién es este que viene por la calle? El honorable señor Job. Pero más adelante fue él mismo quien confesó: «Heme aquí tendido sobre este montón de cenizas, soy un pobre infeliz. Me han expulsado y nadie votaría por mí». Job afirmó que cuando solía ir por la calle, los jóvenes se escondían y los ancianos se levantaban. Los príncipes se abstenían de hablar y se tapaban la boca con las manos.

¿Crees que el hermano Job era un trapero común y corriente? No. Se trataba de un gran hombre, y él lo sabía, y ese era el problema. Esta fue razón por la que le sucedieron todas sus desgracias. Si eres alguien grandioso y no lo sabes, nada te ocurrirá. Pero si lo sospechas y amas a Dios, empezarán a sucederte cosas. Y si no te suceden, es porque todavía no has avanzado lo suficiente como para que el Señor confíe en ti. Job manifestó: «La voz de los principales se apagaba, y su lengua se pegaba a su paladar. Los oídos que me oían me llamaban bienaventurado, y los ojos que me veían me daban testimonio, porque yo libraba al pobre que clamaba, y al huérfano que carecía de ayudador. La bendición del que se iba a perder venía sobre mí, y al corazón de la viuda yo daba alegría» (Job 29:10-13). Ese fue Job. Él hablaba mucho de la clase de individuo que era. Y la parte horrible de esto es que sus palabras solo eran una oración a medias.

Job había estado sobre el montón de cenizas durante no sé cuánto tiempo con estos enemigos a su alrededor. No obstante, Dios, siguió adelante hasta que las circunstancias difíciles echaron raíces y el desánimo comenzó a corroer el alma del hombre. Finalmente llegó el momento en que expresó: «Ah, Dios, he estado hablando, hablando y hablando, pero ahora me callaré. Pondré mi mano en la boca. Soy un vil. Ah, Dios». Y cuando Job entendió esa lección, el Señor indicó: «Muy bien, Job, ahora ora por los demás». Así que oró por ellos. Y Dios le devolvió el doble de lo que había perdido.

Nadie quiere oír hablar de que nuestro querido Padre celestial suele enseñar a sus hijos, mediante duros azotes, a desconfiar de sí mismos. Algunos creerán que soy un hombre duro, que me gusta azotarme. Por el contrario, si yo pudiera, predicaría sobre el Salmo 23 todos los domingos durante un año. Luego, al acabar con el Salmo 23, continuaría con Isaías 53. Y una vez concluido este capítulo predicaría sobre 1 Corintios 13. Sin embargo, si yo hiciera eso, ¿sabes dónde estarías mientras tanto? Estarías entre los cristianos más blandengues y débiles. A veces Dios tiene que darnos duros azotes. De lo contrario sería como alimentar a tu familia solo con galletas azucaradas. ¿Sabes qué les pasaría? Perderían los dientes para cuando tuvieran doce años. La alimentación debe contener alimentos sólidos. Hablamos brevemente de los duros azotes y luego nos olvidamos de ellos. Nadie les pone ningún énfasis.

La tercera manera en que Dios trata con nosotros es a veces con tentaciones violentas e insuperables. Al sentirnos tentados en forma violenta, lo que por un momento parece una tentación insuperable, nos sentimos inclinados a tirar la toalla blanca y declarar: «Dios, es inútil. No sirve de nada. No soy bueno. He leído acerca de Moody, Agustín y todo lo demás, pero no sirvió de nada, Dios. No me quieres. Estoy acabado», olvidando siempre que Dios quiere enseñar a los suyos a desconfiar de sí mismos, a veces mediante tentaciones violentas e insuperables. En ocasiones, cuando en ti explota algo que creías que estaba muerto, puedes tomarlo como una prueba de que no eres cristiano. Pero deberías tomarlo como prueba de que hoy estás más cerca de casa que ayer, y de que tu Padre celestial permite que esto te suceda para demostrarte que realmente eres bueno.

Ahora bien, volvamos al Hermano Lawrence. Él afirmó que caminaba con el Señor todo el tiempo, pero que si alguna vez cometía un desliz en alguna parte, no permitiría que eso le causara mucho problema. Iría directamente al Señor y le diría: «Señor, así soy yo, y si no me ayudas, eso es lo que puedes esperar, porque así soy. Luego le pediría perdón y seguiría adelante a partir de allí».

**A veces Dios tiene que darnos duros azotes. De lo contrario sería como alimentar a tu familia solo con galletas azucaradas.**

A veces la gente nos dice que el arrepentimiento es un asunto interminable en que debemos castigarnos durante mucho tiempo. Pero llega el momento en que nos damos cuenta de que la mejor manera de manejar el pecado es hacer lo que Fénelon dijo: «El mejor arrepentimiento es volverse hacia Dios y no volver a cometer la falta». Ese es el mejor arrepentimiento en este mundo. Si la semana pasada hiciste algo de lo que estás avergonzado y te ha puesto bajo convicción y condena, debes preguntarte cómo debes arrepentirte. El mejor arrepentimiento es volverte al Señor, confesarle lo que has hecho y pedirle perdón, y luego no cometer más tal pecado. Ese es el mejor arrepentimiento en el amplio mundo.

¿Son, a veces, las tentaciones que te hacen caer, prueba de que para nada eres un verdadero cristiano? No. Son prueba de que tu conciencia es tierna, de que estás muy cerca de Dios y que, a través de una tentación violenta, Él está tratando de enseñarte esa última lección de desconfiar de ti mismo. ¿Recuerdas las tentaciones de Jacob? ¿Y también las de Pedro y de muchos otros a lo largo de los años?

Existe una cuarta manera en que nuestro Padre celestial quiere enseñarnos a desconfiar de nosotros mismos por otros medios que no entendemos. En ocasiones nos enseña a desconfiar de nosotros mismos por métodos en que no sabemos qué es lo que nos está sucediendo. En otras palabras, no sabemos qué es lo que Dios está utilizando. Somos cristianos, lo sabemos, amamos a Dios, estamos hartos de todas las tonterías del mundo y nos fastidian todas las tonterías que se hacen en la iglesia. Nuestro corazón le clama a Dios como el ciervo brama por las corrientes de las aguas; nuestro corazón y nuestra carne claman a Dios, al Dios vivo. Y, sin embargo, ahí permanece este obstáculo. Aún confiamos en nosotros mismos. Hemos nacido de nuevo. Podemos decir eso y testificarlo. Amamos nuestra Biblia. Oramos y somos buenos cristianos. Pero seguimos confiando en nosotros mismos.

Dios aún nos levanta, nos carga, nos postra en nuestras enfermedades, entiende nuestros pensamientos y sabe que no somos más que polvo, pero es amoroso y paciente con nosotros. Aun así, Dios no nos juzga. No está enojado. Tan solo espera que sus hijos crezcan y, en ocasiones, tiene que darles algunos duros azotes.

¿Qué debes hacer? Bueno, debes confiar en Él, amarlo y contar absolutamente con Él. ¿Conoces a alguien en quien puedas contar por completo? Podrías decir: «Bueno, déjame pensar… ¿podría tratarse de fulano o mengano, por ejemplo? ¿Crees que podría contar con él?». Pues bien, ¿conoces a alguien con quien puedas contar cuando te equivocas? Todos podemos contar con nuestros amigos si hacemos bien las cosas, pero ¿y si nos equivocamos? ¿Conoces a alguien con quien puedas contar?

Un gran predicador francés dijo una vez: «Mis amigos llenarían esta gran catedral, pero mis verdaderos amigos únicamente podrían ocupar los pocos asientos que hay allí». Él no era un cínico. Era realista. ¿Conoces a alguien con quien puedas contar cuando te has equivocado? Puedo hablarte de alguien. Su nombre es Jesús. Y Dios ha hecho Señor y Cristo a este mismo Jesús.

Lo que tienes que hacer es confiar en Él por completo y dejarlo actuar. No lo presiones. No luches. No golpees el escritorio ni digas: «Dios, tienes que hacer esto ahora». Si estás en las manos de Dios y le obedeces, Él te guía y puedes confiar absolutamente en que nunca te defraudará. Nunca, nunca te decepcionará. Amigo, lo más grande que tal vez podamos hacer es ver a Jesús exaltado y levantado, y ser conscientes de que Él está allí triunfante, de que nuestro Hermano y Amigo quiere ayudarnos, si tan solo pudiera conseguir nuestra cooperación.

# CONOCIMIENTO PLENO DE CRISTO

Creo que Dios hizo el cielo, la tierra y todo lo que contienen. Creo que Él hizo a todas las criaturas vivas y que creó a cada una de ellas con un tipo de vida peculiar, el tipo de vida que escogió para cada ser. Luego ajustó ese tipo de vida a un ambiente que le eligió. Mientras cada criatura viva permanezca en su propio ambiente y viva la clase de vida que Dios le dio, esa criatura cumple el propósito para el que fue creada. Y al ser Dios quien es, no se puede decir nada más exaltado de ninguna criatura que esto. Que debe cumplir aquello para lo cual Dios la creó.

Muchas personas son honradas con sus nombres en los muros de edificios famosos. A otras les dan todo tipo de premios, como Nobel, Pulitzer, etc. Incluso puedes canonizarlas si lo deseas, pero cuando todo se ha dicho y hecho, lo único que se puede afirmar de cualquier criatura es esto: Dios la hizo y le dio cierto tipo de vida y un entorno en el cual habitar. Allí ha vivido en ese entorno con confianza relajada y ha llevado la clase de vida que Dios le otorgó. Ángeles, arcángeles, serafines, querubines, santos, apóstoles y profetas no pueden ir más allá de lo que Dios ha predestinado.

En el libro de Judas se dice que a los ángeles que no guardaron su primer estado, sino que abandonaron su propia morada, Dios los ha guardado en prisiones eternas bajo oscuridad para el juicio del Gran Día. Aquí vemos cierto orden de ser, o cierta cantidad de seres de un orden que dejaron su primer estado. Es decir, abandonaron el lugar para el cual fueron creados. Y cualquier criatura inteligente, cualquier criatura moral en cualquier lugar que abandone su esfera y estado apropiados solo conocerá derrota y dolor sin fin, por no estar cumpliendo el propósito para el que fue creada. Esto lo digo en general acerca de cualquier ser vivo en cualquier parte.

Muchos son voluntariamente pobres porque tienen miedo de utilizar su imaginación religiosa y creer lo que la Biblia nos enseña. La Biblia habla de ángeles, arcángeles, serafines, querubines, atalayas, santos, principados y potestades, pero tú y yo insistimos en que solo hay personas. Tenemos miedo de levantarnos y dejar que nuestra imaginación llena de fe abarque la maravilla del universo lleno... repleto de seres. Dios creó a su propia imagen al ser humano y de ninguna otra criatura se dice esto.

No encuentro en ninguna parte de las Escrituras donde Dios haya dicho que alguna vez creara un serafín a su imagen, ni dice esto de un querubín con todos sus rostros y alas, ni de un ángel, arcángel, principado o potestad. Pero dice que Dios hizo al hombre a su imagen. Dios declaró de manera afectuosa: «Hagamos al hombre a nuestra imagen». Por tanto, lo creó a su imagen y le infundió aliento de vida, así el hombre se convirtió en un alma viviente. Esto puede parecer radical, pero tal como fue originalmente creado, el hombre era más como Dios que cualquier otra criatura creada. Tal como fue originalmente creado, el hombre era más parecido a Dios, porque de ninguna otra criatura Dios dijo que la había hecho a su imagen.

Un viejo sabio cristiano alemán dijo una vez que no hay nada en el universo que se parezca tanto a Dios como el alma humana. Por supuesto, dio por sentado y quiso comunicar que el alma del hombre era pecadora y estaba perdida. En ese sentido, el pecado no es como Dios y el alma que pecare moriría. Pero hay algo fundamental en la naturaleza humana y en el alma del ser humano que puede llegar a ser más como Dios que todo lo demás en el universo. Desearía que pudiéramos creer eso, que pudiéramos aceptarlo como parte de nuestro credo y no tener miedo de declararlo y afirmar que lo creemos, sin que alguien nos acuse de que creemos que el hombre está bien. El ser humano no está bien. Es una criatura caída. El hombre cayó como un automóvil que se salió de la carretera en una curva y se fue por un barranco, estrellándose contra las rocas. El hombre no está bien. Está perdido.

> **Hay algo fundamental en la naturaleza humana y en el alma del ser humano que puede llegar a ser más como Dios que todo lo demás en el universo.**

Nuestra salvación es que Dios creó al hombre para que lo conociera a Él. Dios lo creó para que el hombre lo conociera en un sentido y en un grado que ninguna otra criatura puede conocer a Dios. Las criaturas que están en la presencia de Dios posiblemente no pueden conocerlo tan bien como el alma del ser humano, a quien Dios hizo a su imagen. ¿No ves que debe haber un grado de luz que permita al hombre conocer a Dios?

Ese gato que descansa debajo de tu mesa, o el perro que se acuesta en la alfombra, no se moverían en lo más mínimo si tocaras algo de

Mozart o Beethoven. El gato no abrirá un somnoliento ojo, porque no hay nada en su naturaleza que pueda entender a Beethoven o Mozart. Puedes poner excelentes grabaciones de Londres, pero ningún perro se levantará, se acercará, se sentará y mirará maravillado, aunque sepa que lo llama la voz de su amo. Ni el gato ni el perro pueden apreciar la música porque no tienen la clase de luz para poder apreciarla. Pero al oír la música, un bebé de dos años balanceará su cuerpecito, porque todos los bebés lo hacen. Es algo que está integrado en ellos. Dios les puso el ritmo del universo. Dios es el músico más fabuloso del universo. Así, los bebitos nacen dentro de la corriente del universo, tal como un pez nace dentro del agua. Cuando cuentan con suficiente edad para escuchar música, tienen suficiente edad para sonreír y balancearse al son de la danza de luz que Dios les otorgó por naturaleza.

Dios nos hizo para conocerlo en una manera que ninguna otra criatura puede hacerlo. Nos creó para conocerlo en cierta manera que ninguna otra criatura puede hacerlo, porque ninguna otra tiene las capacidades del ser humano. Sin duda, los ángeles tienen capacidades; son ángeles santos y obedecen a Dios. Sin duda, los serafines alrededor del trono brillan en el fuego divino y conocen a Dios. Pero no lo conocen como el ser humano lo conocerá cuando se haya completado la redención, porque Dios quiso que el hombre sea superior a los ángeles. Dios hizo al hombre un poco menor que los ángeles para poder exaltarlo por sobre los ángeles. Y cuando todo haya terminado y conozcamos como Dios nos conoce, ocuparemos un lugar más elevado en la jerarquía divina que los mismos ángeles.

No obstante, el hombre perdió este conocimiento cuando pecó. Lo desperdició. Leemos de esto en Romanos 1, donde Pablo nos dice que los seres humanos, aunque conocieron «a Dios, no le glorificaron como a Dios, ni le dieron gracias, sino que se envanecieron en sus razonamientos, y su necio corazón fue entenebrecido» (Ro. 1:21). Al no haber querido reconocer a Dios, Él «los entregó a una mente reprobada, para hacer cosas que no convienen» (v. 28), o como dice una versión, «los abandonó para que hicieran lo que sus mentes corruptas pudieran concebir» (NBV). Al haber pecado, el ser humano perdió este conocimiento de Dios. A pesar de que conserva la potencialidad de conocer a Dios, aún no lo conoce porque su conducta es indigna de su origen exaltado, y en su corazón hay un enorme vacío.

**Dios hizo al hombre un poco menor que los ángeles para poder exaltarlo por sobre los ángeles.**

Eso mismo es lo que pasa con nosotros. Por eso tenemos estas crisis todo el tiempo. Nos aseguran que la ciencia, la filosofía, la psiquiatría, la psicología y la sociología deberían hacer del mundo un mejor lugar en el cual vivir, un lugar en que todos los hombres pudieran ser hermanos. Pero hoy día nos odiamos más que nunca desde el principio. Existen más odios, más sospechas, más traiciones, más vigilancias, más espionajes y más ingratitudes que nunca desde el principio del mundo. ¿Cuál es el problema? Que estamos llenos de un enorme vacío. Fuimos creados para conocer a Dios, pero a causa de nuestro pecado elegimos lo peor y no queremos el conocimiento de Dios.

¿Qué enseña la Biblia sobre los pecadores que no conocen a Dios? En primer lugar, enseña que podemos conocer a Dios. Enseña que Dios no ha abandonado a la humanidad como sí hizo con los ángeles que pecaron. ¿Por qué abandonó a los ángeles que pecaron? Principalmente, porque no fueron creados a imagen de Dios. Fueron creados como criaturas morales con capacidad de percepción moral y espiritual, pero no fueron creados a imagen de Dios. ¿Por qué Dios no abandonó al hombre? Porque lo creó a su imagen, por lo cual le dio una oportunidad y le envió un Redentor.

¿Cómo enseña la Biblia que el ser humano puede conocer a Dios? Enseña que podemos conocerlo por medio de Jesucristo, quien es la imagen del Dios invisible, el resplandor de su gloria y la imagen expresa de su persona. Los padres de la iglesia dijeron esto acerca de Él: «Creo en un solo Señor Jesucristo, el unigénito Hijo de Dios, engendrado en Él antes de todas las edades; Dios de Dios, luz de luz, Dios verdadero de Dios verdadero, engendrado, no creado, de una sola sustancia con el Padre y por quien todas las cosas fueron hechas». Esto es lo que la Biblia enseña. Enseña que todo lo que es la Deidad, Cristo lo es.

No escuches a los liberales que afirman que Cristo reflejó más de Dios que cualquier otra persona debido a que Dios se reveló a través de Él. No los escuches cuando enseñan que, así como una pieza de metal puede ser más radioactiva que otra, ciertos individuos están sintonizados con Dios en una manera que otros no lo están, y que por tanto son genios religiosos. También aseguran que Jesucristo fue el genio religioso supremo, que captó y reflejó más de Dios que cualquier otro hombre. No escuches eso, porque todo eso equivale a una ofensa a Jesucristo.

Jesucristo no fue solo un reflector de la Deidad, aunque lo fue. No fue tan solo un revelador de la Deidad, aunque lo fue. Cristo fue, es, siempre ha sido y no puede dejar de ser Dios: luz de luz, Dios de Dios, Dios verdadero, engendrado y no creado. Así que todo lo que está en la Deidad, está en Cristo. Conocer a Jesucristo es volver a la Fuente Antigua.

Hasta aquí nos hemos adentrado en nuestra artificialidad, pero a través de un cambio maravilloso y rápido de nuestras almas en fe y oración podemos regresar al fundamento antiguo de nuestro ser. Así empezaremos de nuevo en donde podemos conocer a Dios por nosotros mismos, y remontarnos al lugar donde Adán empezó; más allá de donde el mundo empezó; más allá de donde los ángeles comenzaron; de regreso a esa antigua, gloriosa y vibrante Fuente que llamamos el Ser de Dios, el Dios trino. En Jesucristo regresamos allá.

En Jesucristo dejamos todo lo que nos rodea y volvemos a la Fuente Antigua de nuestro ser, afianzados en este dichoso descanso central. John Newton escribió en cierta ocasión: «Descansa ahora, mi corazón tan largamente dividido, afianzado en este dichoso centro, descansa». Y así, de vuelta a la Antigua Fuente de nuestro ser hallamos los orígenes y comenzamos de nuevo en Cristo. Para que pueda conocerlo, afirmó Pablo; para que podamos conocerlo.

La desconcertante pregunta que tenemos por delante es: ¿por qué los cristianos conocemos tan poco a Cristo y conocemos tan poco a Dios? Es verdad que no podemos conocer toda la Divinidad. En realidad, si tuviéramos la idea de que conocemos muy bien todo lo que se puede saber sobre Dios, estaríamos a punto de estallar. Y si estalláramos, Dios tardaría mucho tiempo en volver a unirnos. Nunca podremos conocer toda la Divinidad, porque cualquiera que fuera capaz de conocer todo sobre la Divinidad tendría que ser igual a ella. Así como no podemos verter un litro de agua en un vaso pequeño, no podemos verter toda la Divinidad en la experiencia de cualquier ser que sea menor que Dios.

Al argumentar a favor de la Trinidad, los padres antiguos decían que la viéramos así: Dios, el Padre Eterno, es un Dios infinito y su nombre es amor, y Él es amor. En esencia, la naturaleza misma del amor es entregarse, y Dios no podía entregar por completo su amor a alguien que no fuera plenamente igual a Él. Por lo que aquí tenemos al Hijo, quien es igual al Padre. Y el Padre Eterno vertió su amor en el Hijo, quien podía contener todo ese amor, porque el Hijo es igual al Padre. Entonces, estos viejos hermanos con razonamiento dijeron que el hecho de que el Padre vertiera su amor sobre este Hijo significaría que debía haber allí un medio de comunicación que debía ser igual al Padre y al Hijo, y ese fue el Espíritu Santo.

Así que ahí tenemos a la Trinidad, el Padre en la plenitud de su amor, derramándose a través del Espíritu Santo, quien es igual a Él y al Hijo, quien a su vez es igual al Espíritu y al Padre. Así pues, el hombre no puede conocer toda la Divinidad, el mar ilimitado e infinito del Ser que llamamos Dios, que llena, rodea, envuelve y rodea. Todo lo que puede conocerse de Dios está revelado en Cristo.

Cuando Pablo dijo «a fin de conocerle [a Cristo]», no se refirió a conocerle de manera intelectual, sino de modo experimental, personal y consciente. Quiso decir que podemos conocer a Dios en forma personal, nosotros mismos, espíritu tocando espíritu y corazón tocando corazón en conocimiento consciente de Dios. Henry Suso afirmó que existe una enorme diferencia entre escuchar un laúd, un melodioso laúd, tocado con hermosa delicadeza, y simplemente escuchar que un laúd se ha tocado. Una cosa es oír que ha habido un concierto, y otra es haber ido al concierto. Una cosa es oír que de repente se ha descubierto un planeta, pero otra es haber contemplado ese planeta.

Esto describe a muchos cristianos. Han escuchado que hay un laúd que se ha tocado con dulzura, pero nunca lo han oído ellos mismos. Saben de Dios solo de oídas. Estoy convencido de que tendemos a conocer a Dios solo de oídas. Algunos han oído hablar de Él, saben de Él tan solo de oídas, y otros lo han escuchado y lo han conocido, pero solo en forma débil. Únicamente hemos oído débiles ecos de la voz de Dios en lugar de alguna vez haber escuchado su voz. Siempre podemos distinguir a un hombre o una mujer que han estado en la Presencia y han salido de allí. Hay una vibración en su testimonio que no podemos encontrar en nadie más.

Con frecuencia afirmo que puedo saber mucho sobre un lugar simplemente leyendo al respecto, pero cualquiera que viaja al extranjero y regresa sonríe cuando escucha que alguien dice algo así. Si de veras has estado allí conocerás el sitio de una forma que no puedes conocer si únicamente leyeras un libro acerca de tal lugar. La mayoría de los cristianos solo han leído un libro acerca de Dios. Eso es todo. Han escuchado el débil eco de la voz de Dios. Han visto un reflejo de la luz de Dios. En su lugar, han visto una fotografía y no a Dios mismo; y el conocimiento personal que tienen de Dios es muy leve.

> **Cristo fue, es, siempre ha sido y no puede dejar de ser Dios.**

A menudo tenemos reuniones sociales, actividades religiosas, todos los variados soportes religiosos, y nos apoyamos unos a otros. El Señor Jesús tenía eso. Tenía a sus hermanos. Tenía una obra qué realizar. Tenía sus sanidades, resurrecciones de muertos, restauraciones de vista, aperturas de oídos, respuestas a preguntas y bendiciones a personas. Tenía eso. Pero también tenía un conocimiento personal de Dios que era fuerte, real e individual, por lo que cuando iba a la montaña a orar y esperaba en Dios toda la noche, no sentía que estuviera solo. Sabía que Dios estaba allí.

Dios quiere entregarse a ti. ¿No es cierto en las Escrituras que cuando Dios crea un orden de vida, establece un entorno para esa vida? Y cuando Dios creó al hombre a su imagen y lo redimió por la sangre del Cordero para devolverle esa imagen, ¿no es entonces Dios el entorno del cristiano? El gran mar que llamamos océano es el entorno para las ballenas, y el aire es el entorno para las aves. La tierra es el entorno para las orugas nocturnas y los topos. Pero el corazón de Dios es el entorno para el cristiano, y Él quiere que vivamos en ese corazón divino.

El mayor dolor en el cielo hoy día es que queremos los regalos de Dios, pero no queremos a Dios. Incluso en la iglesia es igual. Si Dios te da una rosa sin que se dé Él mismo, te ha dado una rosa con espinas. Y si te da un huerto sin darse Él mismo, te ha entregado un huerto con una serpiente. Y si te da vino sin darse Él mismo, te ha entregado algo con lo cual puedes destruirte.

Dios quiere darse por completo a nosotros. Sin embargo, nosotros lo queremos por lo que podemos conseguir de Él. Esa es la mayor desgracia que recae sobre nosotros. El Dios soberano quiere ser amado por sí mismo, y desea ser apreciado por sí mismo. Y más que eso, anhela que sepamos que cuando lo tenemos, poseemos todo lo demás. Jesús lo dijo de otra manera: «buscad primeramente el reino de Dios y su justicia, y todas estas cosas os serán añadidas» (Mt. 6:33).

¿Por qué perdona Dios el pecado? Lo perdona porque el pecado es la sombra o la nube que se interpone entre Él y nosotros. Esa sombra tiene que desaparecer para que Dios nos conozca y podamos conocerlo. Por tanto, Él perdona el pecado. ¿Por qué derrama su Espíritu en nosotros cuando confiamos en Él y creemos que es Él quien lo hace? Es para que cuando el Espíritu venga, tome las cosas de Dios y nos las muestre. ¿Por qué responde Dios nuestras oraciones? Para que al responderlas pueda revelarnos su propio rostro. ¿Por qué nos ha dado Dios las Escrituras? Para que podamos conocerlo a través de ellas.

Las Escrituras, amigo mío, no son un fin en sí mismas, aunque algunos hablan de ellas como si lo fueran. Nadie puede creer más plenamente que yo en la inspiración verbal de las Escrituras como originalmente se entregaron. Pero cuando la inspiración verbal, o cualquier otra teoría de inspiración, hace de la Biblia un fin en sí mismo, es algo peligroso. El propósito de la Biblia no es guiarnos a la Biblia. Su propósito es guiarnos a Dios. La Biblia es el lente a través del cual miramos y vemos a nuestro Amado recogiendo lirios con rocío en su cabello, como leemos en el Cantar de los Cantares. La Biblia es la escalera. La Biblia es el medio de comunicación. La Biblia es la entrada. La Biblia no es un fin en sí mismo.

**El mayor dolor en el cielo hoy día es que queremos los regalos de Dios, pero no queremos a Dios.**

¡Ah, que Dios levantara a alguien que pudiera decir esto!, alguien que pudiera hacer que la Iglesia del Señor, el pueblo de la Biblia, los fundamentalistas, nosotros los evangélicos, vean que Él levantaría a alguien que pudiera hacer que entendamos esta verdad. Durante mucho tiempo nos han adoctrinado y lavado el cerebro con una clase de credo que convierte a Dios en nuestro siervo en vez de que nosotros seamos sus siervos. Dios quiere darnos regalos, pero en cada regalo que da desea entregarse Él mismo. Eso es lo asombroso, que Él quiera darse a sí mismo.

Hoy día utilizamos a Dios. Lo usamos para conseguir empleo. Lo utilizamos para que nos dé seguridad. Lo usamos para que nos dé paz mental y finalmente el cielo. Mientras tanto, Dios anda en busca de aquellos que le dirán: «Señor, no sé, pero mi corazón te anhela. Te quiero a ti. Mi corazón sufre y no puede descansar hasta que halle reposo en ti. Prefiero tenerte, y no tener algo que esté rodando por ahí». Es mejor tener a Dios y una moneda de diez centavos, que disponer de todas las riquezas del mundo y no tenerlo a Él con dichas riquezas. Dios está buscando a quienes lo pondrán todo detrás de la nube del olvido. Él no quiere que algo se levante y tome su lugar, ni siquiera remotamente. Dios anhela que lo busquemos, que busquemos solo a Él.

Alguien le preguntó en cierta ocasión a John Wesley lo que significa buscar a Dios, a lo cual respondió: «Si algún predicador llega a decirte que busques algo más que más amor, no lo escuches». La única predicación que debes escuchar es la que dice: «Busca más de Dios. Intenta conocer al Dios trino. Puedes conocer toda la Divinidad revelada en Cristo a tu alma, infinitamente más de lo que ahora conoces». Si la iglesia de Cristo tan solo regresara a esto, y tuviera una mente sobria y seria, dejara de hacer tonterías y buscara a Dios, entonces todos los regalos de Dios vendrían junto con Él mismo. Todas las bendiciones de Dios llegarían junto con Él mismo.

Queremos la plenitud del Espíritu. Queremos corazones limpios. Queremos un principio implantado dentro de nosotros. Queremos el amor divino, todos los amores excelsos. Queremos todas esas cosas. Pero si las buscamos aparte de Dios, solo encontraremos una rosa con espinas. En cambio, si hallamos a Dios, también encontraremos todo lo demás en Él. Mejor te lo digo mil veces: «Conoce íntimamente a Dios por medio de Jesucristo».

Tú podrías cuestionar: «Pero yo acepté a Cristo y me convertí». Eso es maravillosamente muy bueno. Pero ¿conoces a Cristo? Pablo también se convirtió, y era uno de los cristianos más grandes del mundo cuando escribió: «a fin de conocerle, y el poder de su resurrección, y la participación de sus padecimientos, llegando a ser semejante a él en su muerte» (Fil. 3:10). El apóstol seguía adelante y proseguía en el conocimiento de Jesucristo, a lo cual llamó «la excelencia del conocimiento de Cristo Jesús, mi Señor» (Fil. 3:8).

Amigo mío, para esto fuimos creados. Alguien desea saber qué es la vida más profunda. Casi paso por alto el término. Casi me voy de espaldas cuando lo escuché, porque las personas hablan sobre la vida espiritual más profunda, pero parece que nadie quiere a Dios. Él es la vida más profunda. Jesucristo es la vida más profunda, y a medida que me sumerjo más y más en el conocimiento del Dios Trino, mi corazón se adentra más y más en Dios. Tengo menos de mí y más de Dios, y la vida se profundiza y se fortalece en Dios.

¡Ah, que yo pudiera conocer más a Cristo! Cualquier cosa que me impida conocerlo es mi enemigo. Si es un amigo el que se interpone entre Dios y yo, ese amigo es un enemigo. Si se trata de un don que se interpone entre Él y yo, ese don es un enemigo. Si es una ambición la que se interpone entre Él y yo, esa ambición es un enemigo. Si es una derrota que una vez experimenté y permito que me deprima y se interponga entre Él y yo, debo olvidar eso; tengo que olvidar todo lo que está en el pasado, seguir adelante y proseguir a la meta. Y si es una victoria que tuve en el pasado, la cual se interpone entre el conocimiento de Dios y yo, debo dejarla atrás.

**El Dios soberano quiere ser amado por sí mismo, y desea ser apreciado por sí mismo.**

Por tanto, podemos conocer a Dios por nosotros mismos. Algunos lo han encontrado. Otros están avanzando. Hay quienes encuentran al Señor en una manera nueva, exquisita, profunda y maravillosa. Tu propio corazón deseoso está respondiéndote. En el anhelo que hay en tu interior hay algo más grande que tú. Es posible que intelectualmente no lo tengas muy claro, pero tu corazón clama por Dios y tú ansías conocer lo que Pablo conoció. Quieres conocer lo que Dios ha revelado y lo que ha permitido que los santos experimenten a lo largo de los años. Necesitas buscar a Dios y así obtener el valor espiritual y la fe para levantarte y dejar atrás y bajo tus pies todo lo que se interponga: amistades, ambiciones, esperanzas, planes, regalos, victorias o cualquier otra cosa que te impida conocer al Señor Jesucristo.

# LIBRES PARA VER

Difícilmente ha habido una época en mi ministerio en que un estudio bíblico en particular me haya tomado más tiempo y me haya causado más sufrimiento, además de requerir más oración, que la enseñanza que he estado ofreciendo en este libro. Pero debido a que lo hice y a que fue y es muy importante, he sentido profundamente que Satanás ha intentado frustrar el propósito de Dios. Creo que también ha frustrado el propósito de Dios en las vidas de otros. Me he sentido como si hubiera estado en contacto directo con el infierno a lo largo de este estudio en las etapas hacia la plenitud en Cristo.

Hay algunas cosas que no le pido a Dios, es decir, que no deseo en particular. Hay otras que sí le pido. Algo que sobre todo le he pedido en años recientes es que yo pueda ser un visionario en minúsculas, no en mayúsculas. Hay tantas personas ciegas en la iglesia de Cristo que deseo ayudarles a ver. Quiero penetrar, entender, tener discernimiento, saber lo que está pasando, y no solo saber lo que pasa sino lo que significa todo el plan de Dios. No estoy refiriéndome a la profecía en particular, aunque también deseo conocerla. Quiero poder evaluar la situación y verla como Dios la ve, y saber lo que Él piensa acerca de ella, saber lo que debo hacer al respecto y conocer la voluntad de Dios en esta confusión religiosa actual.

Tener discernimiento no es algo que le haga la vida fácil al individuo y, sin duda, no lo hará más popular. No le llenará de personas el edificio de la iglesia, hasta el punto en que tenga problemas con que la policía se vea obligada a controlar a las multitudes. Pero tener discernimiento sí lo obliga a veces (es decir, a mí me ha obligado con frecuencia) a seguir esta senda directamente hacia el enemigo. Odiaría creer que fuera a pasar mi vida predicando la Palabra de Dios y descubrir que nunca he estado ni siquiera cerca de la línea de batalla; que podría usar el uniforme de los soldados de Cristo y, sin embargo, no haber olido la pólvora quemada ni una sola vez en toda mi vida. Pero eso es posible. Es posible por falta de sensatez, por falta de conocimiento, por falta de entendimiento, por falta de visión profética y por falta del don de discernimiento.

Es totalmente posible pasar por la rutina de ser ministro, maestro o cualquier otra clase de obrero del evangelio y nunca haber enfrentado al diablo ni una sola vez en combate abierto. Yo me le he opuesto algunas veces y lo he sentido en semanas recientes. Hay una lucha y una beligerancia, con heridas y sufrimiento. Creo que se trata del conflicto de Jesús siendo revivido en su pueblo y hay algunos cristianos que también han sentido esto. Debido a este estudio es posible que hayas llegado a una experiencia más nueva, más bendecida y más feliz en Dios, la cual apenas esté empezando para ti. Tal vez hayas sentido el conflicto y el aliento caliente que te quemó la frente y, por tanto, sabes que has estado donde también está el diablo. No me gusta el diablo. No me gusta pelear. No me gusta orar cuando huele a azufre. No me gusta enfrentar al diablo en oración. Pero, si es necesario, entonces que Dios me perdone y me ayude a persistir.

Hemos estado examinando las etapas en la senda hacia la madurez cristiana en la vida de un creyente, y creo que he destapado cuál sea tal vez el mayor obstáculo para nuestro éxito. Sí, hemos escuchado la voz de Jesús exclamando: «Lázaro, ven fuera» y sabemos que al menos estamos levantados y fuera de la tumba. Pero ¿por qué no podemos despojarnos del sudario ni liberarnos nosotros mismos? La falta de libertad en la iglesia de Cristo es uno de los mayores obstáculos que hay en ella.

**Tener discernimiento no es algo que le haga la vida fácil al individuo y, sin duda, no lo hará más popular.**

Creo que nuestro mayor obstáculo es la realidad de un enemigo tenebroso y siniestro cuyo nombre es el diablo y Satanás, esa serpiente antigua que está ocupada y dedicada a condenarnos a pesar de que sabe que es inútil condenar a un cristiano. El diablo sabe cuándo un hijo de Dios descansa en las manos del Señor y está justificado. Sabe que no puede condenarlo, pero anhela mantenerle encarcelado el espíritu. A eso se dedica el diablo. A mantener encarcelado nuestro espíritu o, cambiando la ilustración, si no puede evitar que estemos vivos, entonces desea mantenernos envueltos en sudarios a fin de que estemos casi muertos. Así nos despoja de nuestra herencia.

Sin duda, tú y tal vez yo hasta cierto punto somos como los hijos de un hombre fabulosamente rico que ha muerto y nos ha legado todos sus millones. Sin embargo, aún andamos vestidos con harapos, hurgando en los callejones con un palo viejo en busca de un mendrugo desechado. Le cantamos a nuestro Padre en el cielo mientras mordisqueamos el mendrugo con nuestras encías y un viento helado atraviesa nuestra ropa andrajosa y los dedos de nuestros pies sobresalen de nuestros maltrechos zapatos. No obstante, somos ricos, tanto como Midas, más ricos que el rey Salomón en Cristo Jesús. Pero no hacemos nada al respecto porque Satanás está ocupado y dedicado a mantenernos viviendo como si estuviéramos perdidos. O si no ha tenido éxito en hacer eso, si eres cristiano, solo puede mantenerte atado, pero no poseído.

La mayoría de los maestros cristianos evangélicos modernos estarán de acuerdo conmigo en que un cristiano no puede ser poseído por espíritus malignos, pero que estos sí lo pueden oprimir, intimidar, acallar y reprimir. La labor del diablo es reprimir y silenciar. Creo que es perfectamente legítimo y totalmente bíblico creer que el diablo quiere mantenernos luchando, acallados e intimidados de modo que, si estamos vivos, escasamente lo estemos.

En los días de los israelitas había un valle entre sus guerreros y los filisteos. El rey Saúl dirigía el ejército israelita y todos estaban asustados porque un filisteo de tres metros y medio de altura se golpeaba el pecho y amenazaba: «Hoy yo he desafiado al campamento de Israel» (1 S. 17:10). Esto continuó por algún tiempo hasta que apareció un jovencito llamado David, sobre quien llegó el Espíritu del Señor. David le dijo a Israel: «No desmaye el corazón de ninguno a causa de él; tu siervo irá y peleará contra este filisteo» (v. 32). Ese fue el primer estímulo que ellos oyeron. Todos estaban vivos. Conformaban el pueblo de Dios. Eran soldados del Señor, pero se encontraban tan intimidados que no pudieron abrir la boca mientras contemplaban con miedo cautivado a ese gran gigante que los había desafiado.

Creo que toda iglesia que quiera hacer algún progreso espiritual tiene que enfrentar esto. El diablo nos desafía constantemente, sea que nos demos cuenta de esto o no. Los cristianos debemos dejar nuestra vida superficial, tomar esto en serio y determinar que vamos a conseguir todo lo que Dios tiene para nosotros en la tierra. Vivos o muertos, hundidos o flotando, nos enfrentamos al infierno tan pronto como nombramos a Cristo. El diablo no nos dejará fácilmente en paz. Lo puedo asegurar.

No cabe duda de que somos un rebaño de ovejas asustadas. Jesucristo descendió y tomó nuestros cuerpos sobre sí mismo. Él era un varón, nacido de mujer, un hombre revestido de nuestra naturaleza. También era Dios, llevó una cruz y allí fue sacrificado. El Dios Todopoderoso lo sacrificó como el último y definitivo cumplimiento de todos los sacrificios que se hicieron en los altares judíos. Después de haber estado tres días en la tumba, salió. Pocos días más tarde ascendió a través de todos los bombardeos del infierno hasta la diestra de Dios y se sentó en medio de la aclamación de las huestes celestiales. Allí Jesús, un hombre vivo, nuestro representante, está sentado a la diestra de Dios. Deberíamos ser los individuos más intrépidos, los más relajados, los más absolutamente seguros de nosotros mismos o de Dios en todo el amplio mundo, y los más felices de todos los seres humanos. Pero no lo somos, porque este diablo nos ha intimidado como el viejo Goliat: «Hoy yo he desafiado al campamento de Israel». ¿Qué podemos hacer? ¿A qué le tenemos miedo?

Creo que Dios me ha ayudado a entender lo que la mayoría de nosotros tememos. Aunque podríamos ser libres, sencillamente no podemos serlo. Simplemente no podemos ser cristianos felices. Para empezar, tenemos miedo de nuestros pecados pasados. El pecado es algo muy terrible, Dios sabe que lo es, nosotros sabemos que lo es y el diablo sabe que lo es, y sabe cómo seguirnos a todas partes, recordándonos nuestras faltas. Si no puede condenarnos porque hemos nacido de nuevo, entonces nos mantiene encerrados en una pequeña jaula. Mantiene nuestras alas cortadas para que no podamos volar. Decimos creer que nuestros pecados han desaparecido, pero solamente lo creemos a medias. ¿Por qué decimos que han desaparecido y luego actuamos como si no hubiera sido así? Si no han desaparecido, ¿por qué aseguramos que sí? Y si han desaparecido, ¿por qué actuamos como si aún existieran?

El más elevado tribunal de todo el extenso universo nos ha declarado no culpables. Entonces, ¿por qué deberíamos estar asustados? Y, sin embargo, algunos cristianos que no harían nada malo y que desean profundamente a Dios más de lo que quieren vivir, luchan por liberarse. Los sudarios nos hacen tropezar cada vez que intentamos correr un poco más rápido. Satanás utiliza nuestros pecados pasados para aterrorizarnos.

El anciano Meister Eckhart dijo en cierta ocasión: «Dios perdona a un individuo y luego se olvida de su pecado y no lo recuerda más. Cuando Dios perdona a alguien, confía tanto en esa persona como si nunca hubiera pecado». Yo nunca había oído a alguien afirmar que Dios confiaba en las personas, pero el anciano Meister Eckhart, quien fue un maestro de la vida interior, dijo que cuando Dios perdona a alguien, no advierte: «Pues bien, deberías vigilar a este sujeto porque tiene muy malos antecedentes». Quien ahora está en Cristo empieza como si acabara de ser creado, como si no tuviera ningún pasado.

Algo más que nos intimida es el recuerdo de nuestros fracasos. Satanás nunca permitirá que los olvidemos. Cuando fallamos, Satanás llega y nos acusa del tremendo y gran alboroto que hicimos acerca de la vida más profunda, de ser llenos del Espíritu y de llevar nuestra vida en el Espíritu, declarando: «Mira el descalabro que hiciste. Mira cuántas veces te andas haciendo daño a diestra y siniestra». La Biblia nos dice que un hombre cae siete veces y se levanta. El problema no es que caigas; sin embargo, si lo permites, el diablo te mortificará con esa experiencia.

¿No sabías que cuando Dios te salvó conocía la clase de persona que eras? Dios mismo manifestó en Isaías 48: «Sí, nunca lo habías oído, ni nunca lo habías conocido; ciertamente no se abrió antes tu oído; porque sabía que siendo desleal habías de desobedecer, por tanto te llamé rebelde desde el vientre» (v. 8). El diablo expresa. «Ah, Dios no te conoce tan bien como yo. Él no te ha observado tanto como yo. ¿Recuerdas aquella ocasión en que…? ¿La recuerdas?».

**No permitas que tus fracasos pasados te desanimen.**

Así habla el diablo. Pero Dios asegura que Él «sabía que siendo desleal habías de desobedecer, por tanto te llamé rebelde desde el vientre. Por amor de mi nombre diferiré mi ira, y para alabanza mía la reprimiré para no destruirte. He aquí te he purificado, y no como a plata; te he escogido en horno de aflicción. Por mí, por amor de mí mismo lo haré» (Is. 48:8b-11a).

Dios tiene interés en ti, cristiano, y por tu bien te hará lo que prometió. No creas que Él no sabía que eras desleal. Dios sabe que la sangre de Adán corre por tus venas y que es sangre contaminada. Él sabe que tu sistema nervioso es adámico agravado por miles de años de contaminación hereditaria. Lo sabe y, sin embargo, dice: «Yo sabía que eras desleal. Sabía que esa era tu esencia. Lo sabía, pero estoy haciendo esto por mi propio bien». Amigo, aparta la mirada de ti mismo. Dios no va a bendecirte por tu bien. Va a bendecirte por el bien de Jesús y por el bien de su propio nombre, por el bien de su glorioso nombre.

Si crees que alguien en el mundo es tan bueno como para que Dios pudiera hacer algo bueno a favor de esa persona, no conoces el pecado. Y si crees que hay algo que Dios no hará por ti por su propio bien, no conoces a Dios. No permitas que tus fracasos pasados te desanimen, aunque tu testimonio se haya agujereado, aplastado y estropeado. Dios sabe todo acerca de ti. No eres responsable ante los hombres. Eres responsable ante tu Padre celestial y ante Jesucristo que está a su diestra. Así que no dejes que tus fracasos te derriben.

Otra causa de nuestra falta de libertad es nuestra debilidad. Todos sabemos lo débiles que somos. Gracias a Dios hay algunos que en forma voluntaria dirán: «Señor, tú conoces mis debilidades. Te has dado cuenta de ellas. Sabes que cuando soy débil, entonces soy fuerte». No obstante, algunos de nosotros actuamos como ovejas asustadas porque mientras estamos en la orilla del río nos negamos a cruzarlo. Estamos en Cades Barnea o en el río Jordán y tenemos miedo de cruzar porque tememos perder nuestra reputación como cristianos sobrios.

Muchos miembros de sectas están dispuestos a ser encarcelados, eliminados, expulsados y ridiculizados por su pésima y retorcida doctrina; y nosotros los cristianos estamos demasiado preocupados por ser respetables y afables. Podríamos ser cristianos respetables, pero nunca llegaremos a donde deberíamos estar a menos que Dios nos quite nuestra respetabilidad… nunca. Podríamos tener fama de ser cristianos muy buenos. Cantamos himnos de Charles Wesley, pero olvidamos que muchos cristianos buenos de su época lo consideraban un burro. Citamos a Charles G. Finney, pero este hombre siempre tuvo problemas con la gente que lo rodeaba y que intentaba desacreditarlo.

Si profundizas en tu caminar con Dios, perderás tu reputación por un tiempo, pero después se te devolverá lentamente. Yo perdí la mía hace algunos años, e incluso me etiquetaron de liberal.

No sé cómo pudieron llegar a esa conclusión. También pudieron haber informado que yo era de raza china. Dijeron que me había vuelto liberal porque dejé de hablar con el lenguaje rebuscado y acartonado del fundamentalista asustado y comencé a predicar sobre la vida espiritual más profunda. A causa de eso me tildaron de liberal.

Muchos tienen miedo al fanatismo. Con frecuencia, Satanás incita a la gente a extremos violentos y llena a los cristianos con temor de ser tildados de extremistas o con miedo de ser condenados al ostracismo. Temen que el diablo les diga: «Si vas por ese camino, tendrás que hacerlo solo». El diablo es un mentiroso y el padre de mentira. Es un asesino. Nunca dice la verdad, a menos que pueda avergonzarte con ella. La única verdad que dice es para recordarte cuánto has pecado, cómo has caído, cuántos fracasos has tenido y cuáles son tus debilidades. Eso es verdad, pero es verdad usada para destruirte.

Además, existe una frialdad interior indescriptible que no puedo identificar del todo, pero que se encuentra en la iglesia cristiana. Hablamos de lo felices que somos, lanzamos gritos de júbilo, celebramos con olas de complacencia, emitimos alaridos descontrolados, pero por razones ajenas a Dios mismo. Hemos logrado controlar todo eso bastante bien, ¿no es así? Muchos asisten a un partido de béisbol y regresan roncos a casa, pero nunca nadie sale ronco de la iglesia. Hay una frialdad interior indescriptible que yace como una sombra sobre nuestros corazones y eso es lo que tenemos hoy. No hay duda al respecto. Examinémonos para ver si aún estamos bajo la sombra y si todavía usamos el sudario. Nuestro Moisés ha venido a liberarnos, y es Aquel que ha subido al cielo y que está a la diestra de Dios, y a quien están sujetos ángeles, autoridades y poderes.

Ya no estamos tratando con un bebé en un pesebre, ni con un hombre clavado a una cruz. El cristianismo formal trata con un bebé en un pesebre. El catolicismo trata principalmente con un hombre sobre un crucifijo, pero la Biblia nos dice que hay un Hombre en un trono, sentado a la diestra del poder, y estamos tratando con Él. El bebé en el pesebre era débil. El Hombre en la cruz murió, pero Aquel que está en el trono vive por siempre y para siempre. Lleva nuestros nombres sobre sus hombros, el pecho y las manos, y en la frente porta la mitra sagrada.

«¿Quién es el que condenará? Cristo es el que murió; más aun, el que también resucitó, el que además está a la diestra de Dios, el que también intercede por nosotros» (Ro. 8:34). Si tuvieras problemas y contaras con el mejor abogado del mundo defendiendo tu causa, ¿no crees que dormirías mejor esta noche? Recuerda entonces que tienes el mejor Abogado en lo alto defendiendo tu causa. En Filipenses 1:28 leemos que no estamos «en nada intimidados por los que se oponen, que para ellos ciertamente es indicio de perdición, mas para [n]osotros de salvación; y esto de Dios». Efesios 4:27 advierte: «ni deis lugar al diablo». Santiago 4:7 nos ordena: «Someteos, pues, a Dios; resistid al diablo, y huirá de vosotros».

En los primeros días de la Alianza Cristiana y Misionera, los cantos no eran tan musicales como a algunos directores del coro les hubiera gustado, pero claramente encarnaban a un Salvador resucitado, que es el mismo ayer, hoy y por los siglos. Una canción era «Jesús es Vencedor»:

*¡Jesús es vencedor! Su obra completa está,*
*todos sus enemigos yacen bajo de sus pies;*
*¡Jesús es vencedor! Él no murió en vano,*
*resucitó y fue glorificado, Jesús reina.*

*¡Jesús es vencedor! La batalla está ganada,*
*no podemos hacer nada, porque todo ha sido hecho ya;*
*¡Jesús es vencedor! El enemigo del polvo,*
*no podrá levantarse otra vez, si confiamos.*

A. B. Simpson escribió:

*Débil soldado del Señor,*
*su tierna palabra inspiradora escucha:*
*«A todos mis enemigos he conquistado,*
*he padecido todos tus males;*
*confía en mí, soldado luchador,*
*por ti he vencido, por ti».*

No tienes que vencer a nadie ni a nada. Él es tu vencedor.

*No temas, por fuertes que tus enemigos sean;*
*no temas, por larga que la lucha sea,*
*confía en el poder de tu glorioso Capitán,*
*vela con Él durante una corta hora;*
*escúchalo llamándote: «Sígueme,*
*por ti he vencido, por ti».*

Tienes el acceso y el poder para vencer a través de un triunfante Salvador. No tienes que hacerlo por tu cuenta. Quizás eso es lo que estás intentando hacer. Te esfuerzas, transpiras y avanzas lentamente. Ah, mi amigo, déjame decirte, cuando un sacerdote entraba en el Lugar Santo no le permitían usar lana. Debía usar lino, porque la Biblia dice que no se permitía que nadie sudara delante del altar. La transpiración humana no produce la victoria de Cristo. Fue necesario sudor, lágrimas, sangre y muerte para salvarnos del pecado. Y se necesitó una resurrección y una ascensión victoriosas para traernos la victoria, pero para ti y para mí simplemente es necesario confiar, confiar en el Señor Jesús.

Cuando estás bajo la carga y empiezas a hundirte, y oras y lees las Escrituras, pero no logras ascender, y permaneces allá abajo mientras todo da vueltas y físicamente te encuentras derribado y cansado, le suplicas a Dios con fe impartida del cielo: «Bueno, Dios, ya basta de esto. Ya no aguantaré más. Este conflicto interior no viene de ti, Señor, sino de mi enemigo el diablo, y no lo soportaré más». Cuando he orado así, la carga desaparece. No debes dejar que te pateen. Dios nunca quiso que fueras una pelota de fútbol. Dios quiso que te humillaras, que fueras castigado y que permitieras que fuera Él quien te suministrara el castigo. Pero cuando el diablo empieza a hacerse el gracioso contigo, debes atreverte a resistirlo.

**Tienes el acceso y el poder para vencer a través de un triunfante Salvador.**

En cierta ocasión, yo andaba por una calle en una ciudad del este, con un gran peso en mi corazón y una carga de la que no podía escapar y que cada vez era más insoportable. Mientras recorría la calle llamada Elm Street, de repente exclamé: «Dios mío, basta de esto. Ya no aguanto más». De pronto la carga desapareció de mi corazón y nunca más ha regresado. Eso no es desafiar a Dios; es desafiar al diablo y creer a Dios. A Dios le gusta mucho esa clase de valentía, amigo mío. Le encanta. Es hora de dejar de permitirle al diablo que nos presione cuando hemos cumplido todas las condiciones que conocemos, amando a Dios más de lo que deseamos vivir al punto de tumbarnos en el piso y dejarnos morir si supiéramos que el Señor quisiera que hiciéramos esto… Dios lo sabe.

Es hora de que los cristianos nos atrevamos a levantarnos en la dulce fe del Jesucristo resucitado y expresemos: «Ya no toleraré más esto. ¡Soy un hijo de Dios! ¿Por qué debo andar enlutado todo el día?». La carga desaparecerá con tanta seguridad como que tú vives. Lo sé por experiencia práctica. He salido de situaciones difíciles en que creo que habría ido a parar al hospital por crisis nerviosas, presiones laborales, agotamiento y problemas diversos, y de pronto manifesté: «Dios mío, ya basta de esto». A su vez, Él responde: «Está bien, hijo. Estaba esperando oírte decir eso. Esperaba escucharte que has tenido más que suficiente. El diablo ha estado pateándote, y yo he esperado a ver cuánto tiempo soportarías». Pero luego, de un momento a otro, la carga desaparece. ¿Por qué entonces tú, pobre oveja aterrorizada, simplemente no balas un poco en el nombre del poderoso Salvador resucitado que está a la diestra de Dios?

# COMPLETOS EN CRISTO

Mi enseñanza en este estudio se ha basado generalmente en el testimonio de Pablo que se halla en el capítulo tres de su epístola a la iglesia en Filipos, los versículos 7 al 15. He aquí la que considero una traducción sencilla de estos versículos, tomada del arameo, el lenguaje que nuestro Señor y sus discípulos realmente hablaban.

> Para que por medio de esta justicia yo conozca a Jesús y el poder de su resurrección, y sea partícipe de sus sufrimientos, hasta el punto de experimentar una muerte como la suya; para que de cualquier modo alcance la resurrección de entre los muertos. No como si yo ya hubiera alcanzado esto, o que fuera perfecto; sino que me esfuerzo por alcanzar aquello para lo que Jesucristo me destinó. Hermanos, no considero haber llegado a la meta; pero esto sí sé: olvidando lo que queda atrás, me esfuerzo por alcanzar lo que está delante de mí, prosigo hacia la meta para recibir el premio de la victoria del supremo llamamiento de Dios por medio de Jesucristo. Por tanto, para los que son perfectos, reflexionen en estas cosas, y

> si razonan de otra manera, Dios les revelará incluso eso (Fil. 3:10-15, trad. lit., *Holy Bible from the Ancient Eastern Text*).

El apóstol Pablo afirmó que no era perfecto. Pero les dijo a todos los que creen que lo son: «reflexionen en estas cosas». A lo largo de los capítulos anteriores les he pedido a mis lectores que me acompañen a buscar al Señor. Mi llamado se puede encontrar redactado de otro modo en Oseas 6:1-3:

> Venid y volvamos a Jehová; porque él arrebató, y nos curará; hirió, y nos vendará. Nos dará vida después de dos días; en el tercer día nos resucitará, y viviremos delante de él. Y conoceremos, y proseguiremos en conocer a Jehová; como el alba está dispuesta su salida, y vendrá a nosotros como la lluvia, como la lluvia tardía y temprana a la tierra.

También en Proverbios 4:18 leemos que «la senda de los justos es como la luz de la aurora, que va en aumento hasta que el día es perfecto».

Por mi parte, sostengo el mismo testimonio de Martín Lutero, de quien tal vez recuerdes su oración: «Oh, Señor Jesús, tú eres mi justicia; yo soy tu pecado». Ese también es mi testimonio: «Oh, Señor Jesús, tú eres mi justicia; yo soy tu pecado». El único pecado que Jesús tuvo fue el mío, el de Lutero y el tuyo. Y la única justicia que podemos tener es la de Jesús. Pero, a pesar de haber estado insistiendo tanto junto con Pablo: «No que lo haya alcanzado ya, ni que ya sea perfecto; sino que prosigo» (Fil. 3:12), la esencia total de mi enseñanza ha sido esta: «Oh, Señor Jesús, tú eres mi justicia; yo soy tu pecado».

Esto puede parecer extraño, pero es algo gratificante cuando conoces por experiencia lo que las Escrituras afirman: «vuestro adversario el diablo, como león rugiente, anda alrededor buscando a quien devorar» (1 P. 5:8), y luego te acercas lo suficiente como para oírlo rugir. Sin embargo, la mayoría de los cristianos nunca se acercan demasiado al diablo, y ni siquiera entran al terreno de los leones. Simplemente les han dicho que los leones rugen, pero los cristianos promedio no los han escuchado. Lo único que saben es que el diablo ruge, pero nunca han entrado al terreno del león. Lo único que debemos hacer es profundizar en la vida cristiana y entonces entraremos en el terreno del león, porque allí lo oiremos rugir… y vendrá detrás de nosotros. Esto encaja en todo el conjunto de las Escrituras.

Deseo culminar esta enseñanza sobre la obtención de madurez espiritual con un corto y maravilloso texto. Se trata de Hebreos 13:8: «Jesucristo es el mismo ayer, y hoy, y por los siglos». Quiero que tus ojos estén enfocados en Aquel que no cambia. Después de todo, tú y yo estamos tratando con el Señor Jesucristo, no con doctrinas. Estamos tratando con el Señor de toda doctrina. Estamos tratando con la Fuente de la que fluye toda verdad: la Verdad. La doctrina solo es verdad que ha sido cristalizada para que nos apropiemos de ella y lleguemos a la Fuente de toda verdad: Jesucristo, el mismo ayer, y hoy, y por los siglos. Nada acerca de Jesucristo ha cambiado hasta este momento. Su amor no ha cambiado ni se ha enfriado. No ha aumentado en nada porque no puede hacerlo. Él ya nos ama con amor infinito. No se puede aumentar la infinitud. No ha cambiado nada en cuanto al propósito o los intereses de Jesús. Él

**La doctrina solo es verdad que ha sido cristalizada para que nos apropiemos de ella y lleguemos a la Fuente de toda verdad: Jesucristo, el mismo ayer, y hoy, y por los siglos.**

sigue estando interesado en lo mismo. Sus intenciones siguen siendo las mismas. Su comprensión de nosotros sigue igual.

Si además de dinero, a alguien también se le da una posición más alta, a menudo esta persona cambia. Tal vez no sea consciente de eso, pero cambia. La persona se vuelve orgullosa, reservada y antipática. Camina con la cabeza erguida y trata de manera distinta a sus antiguos amigos. Pero Jesucristo nuestro Señor sigue siendo exactamente el mismo Jesús, aunque resucitó de los muertos, se sentó a la diestra de la majestad en los cielos, fue hecho cabeza sobre toda la Iglesia y se le dio un nombre que es por sobre todo nombre. Sigue siendo el mismo, aunque en su nombre se doblará toda rodilla y toda lengua lo confesará, y aunque se le ha entregado toda autoridad y todo poder en el cielo y la tierra. Jesús es el mismo ayer, y hoy y por los siglos. Y aunque tiene autoridad ilimitada y ha sido hecho tanto Señor como Cristo, no ha cambiado en lo más mínimo. Él es el mismo Jesús.

Solíamos entonar una canción:

*Venid, pecadores, a Aquel que vive,*
*Él sigue siendo el mismo Jesús.*
*Como cuando resucitó al hijo de la viuda,*
*siguió siendo el mismo Jesús.*

*Ven y cuéntale todas tus penas y temores,*
*Él sigue siendo el mismo Jesús.*
*Como cuando derramó aquellas lágrimas de amor,*
*siguió siendo el mismo Jesús.*

*Venid a Él por una luz más clara,*
*Él seguirá siendo el mismo Jesús.*
*Como cuando dio vista a los ciegos,*
*siguió siendo el mismo Jesús.*

*Él sigue siendo el mismo Jesús,*
*el Jesús que obra maravillas:*
*¡Oh, alabado sea su nombre!*
*Él seguirá siendo el mismo.*

Jesucristo es el mismo ahora y siempre, y lo será eternamente.

Estamos tratando con un Hermano que lleva nuestra imagen a la diestra del Padre, que conoce todas nuestras dificultades, nuestras debilidades y nuestros pecados, y de todos modos nos ama. Jesús está delante del Padre siendo plenamente responsable por nosotros. Él es el Sol que brilla sobre nosotros. Él es la Estrella de nuestra noche. Él es la Roca de nuestra esperanza. Él es la Vida y el Dador de vida. Él es nuestra seguridad y nuestro futuro. Él es nuestra justicia, nuestra santificación. Él es nuestra herencia. Él es todo esto, está disponible y es accesible. Y solo tenemos que cerrar los ojos y con fe mover nuestro corazón hacia Él. Este viaje hacia Jesús no es un camino para nuestros pies, sino para nuestro corazón. Nuestros pies pueden estar en cualquier lugar, pero solo nuestro corazón puede hacer el viaje.

He estado siguiendo, o al menos citando de vez en cuando a *La nube del no saber*, ese famoso librito que tenemos desde hace quinientos o seiscientos años. Su autor es desconocido, pero se trata de uno de los libros devocionales más destacados de todos los tiempos. En esa obra, así como en muchas otras de ese período, se habla de María y Marta, y de cómo esta última amaba a Jesús. Pero el concepto que Marta tenía del amor era actividad. Era una muchacha activa. Creía que amar al Señor consistía en estar siempre en acción. Ella era lo que llamamos una cristiana activa. Su hermana María, quien también amaba al Señor Jesucristo, tenía un concepto muy distinto. Estaba fervientemente ocupada en el espíritu, motivada por el amor a la Divinidad del Señor. Debemos verla como un ejemplo brillante de alguien que de manera ferviente estuvo ocupada en el espíritu por el amor a esa Divinidad.

En la iglesia de hoy, el énfasis moderno está en la actividad. En hacer algo. A menudo somos como ratones japoneses bailarines. ¿Los has visto alguna vez? Los llaman ratones bailarines o danzarines porque simplemente se mueven de modo continuo y desenfrenado. Los cristianos activos están siempre en actividad y creen que, si no llevan a cabo una actividad de la iglesia o si no están realizando algo, no van a ninguna parte. Van y vienen tan rápido como el agua que fluye, y que nadie sabe a dónde va a parar. Por desgracia, ellos creen que esta es la verdadera espiritualidad. Así era Marta, y hoy tenemos a muchas personas como ella.

*La nube del no saber* afirma que María estaba fervientemente ocupada en el espíritu por el amor a la Divinidad de Jesús. Ah, me gusta eso. Ese era un concepto totalmente distinto. Y quedó escrito que Jesús elogió a María, pues dijo que solo una cosa es necesaria, y que ella la había escogido. ¿A qué se refirió Jesús? El antiguo escritor de *La nube del no saber* manifestó: «Dios debe ser amado y alabado por sí mismo, por sobre todas las ocupaciones, corporales o espirituales, que el ser humano pueda llevar a cabo». Dios debe ser amado por sí mismo. Pues bien, esto parece extraño y casi herético: que Dios sea amado y alabado por sí mismo, por sobre todas las ocupaciones, corporales o espirituales, que el ser humano pueda llevar a cabo.

Al ir a Jesucristo podemos ser uno de dos tipos de cristianos. Podemos convertirnos en cristianos externos, aquellos que son extrovertidos, que viven afuera, que rechazan su vida interior y no saben mucho sobre su vida interior. Tal vez recuerdes que cuando Jesús les dijo a los discípulos que fueran a todo el mundo y predicaran el evangelio a toda criatura, Pedro saltó, agarró su sombrero y se dispuso a salir, pero el Señor lo detuvo y le dijo: Todavía no, Pedro. No te vayas así. Espera hasta que seas investido con poder de lo alto, y entonces ve.

Por desgracia, a veces caemos en el error de enviar a los convertidos tan pronto como nacen de nuevo, tan pronto como se les cae el polvo de las rodillas por haberse convertido. Les damos un puñado de tratados, un Nuevo Testamento marcado y les decimos: «Ahora, pónganse a trabajar». Pero el Señor nunca dijo eso. Él desea que aprendamos a adorar y anhela que tengamos una experiencia interior del corazón. Él quiere que entendamos más dicha experiencia de modo que tengamos en nuestros corazones el don del Espíritu que nos permitirá hacer la obra.

Hace unos años, escuché al expresidente de Wheaton College, el doctor J. Oliver Buswell, decir que la iglesia evangélica fundamental está sufriendo una ola de inexperiencia. No sabía cuán profeta era al declarar eso. Hoy día tenemos inexpertos religiosos corriendo en todas las direcciones, olvidando que debemos estar ocupados con el amor de la Divinidad de Cristo, estar enfocados en Jesucristo, vivir para Él y estar fervientemente ocupados en el espíritu. Nuestra prioridad debe ser amarlo y alabarlo por sobre todas las actividades, corporales o espirituales, por sobre todo lo que el hombre pueda realizar en este mundo. De esa intimidad con Dios surge entonces la actividad más intensa, duradera, profunda y divina que podamos realizar.

Ahora bien, *La nube del no saber* dice que la virtud no es más que un afecto ordenado y medido, claramente dirigido hacia Dios mismo. ¿Quieres saber qué es ser espiritual? Es sencillamente eso y nada más. No es nada más que un afecto ordenado y medido. Es decir, no se trata de un destello de espiritualidad o emoción. Es más que todo eso. Es un afecto ordenado y medido. El momento en que se escribió esto hace seiscientos años, el afecto y el amor eran más o menos lo mismo (emoción), es decir, algo ordenado en medida. No es derramarse como en un día lluvioso para luego secarse durante tres semanas o más. Se trata de un amor medido por el mismo Señor Jesucristo.

Ahora que este libro llega a su fin, quiero dar algunos consejos. No tropieces con las personas en tu anhelo por Dios y tu deseo de conocerlo. No tropieces con las personas; estas son imperfectas. El anciano Thomas à Kempis en *La imitación de Cristo* declaró: «Si quieres tener paz en tu corazón, no investigues demasiado en serio en los asuntos de las demás personas». Si deseas tener paz en tu corazón, no examines muy de cerca a tu hermano cristiano, porque encontrarás aspectos malos en él. Recuerda, todos los ídolos tienen pies de barro, las imperfecciones de los santos. Eso es algo que el diablo utiliza para no dejarnos avanzar: las imperfecciones de los santos. No tropieces con ellas.

Recuerda siempre que Jesucristo es el mismo ayer, hoy y por los siglos, y que no hay nada que haya hecho por alguno de sus discípulos que Él no haría por ningún otro de sus discípulos. Algunos hombres a quienes se les consideró buenos intérpretes de la Palabra de verdad concluyeron a principios del siglo XX que todos los dones del Espíritu habían desaparecido y que ya no estaban disponibles para seguir siendo usados, creyendo que culminaron cuando el último apóstol murió. Me pregunto de dónde sacaron eso. Me gustaría tener el capítulo y el versículo que corrobore esto.

Una persona puede implantar sus propias ideas en las Escrituras y al mismo tiempo golpear la portada de la Biblia y exclamar: «Yo defiendo la Palabra de Dios». Pero lo que defendemos a veces es nuestra interpretación de la Palabra de Dios transmitida por tradición desde nuestros antepasados. No encuentro nada en la Biblia que afirme que el Señor haya cambiado en alguna manera. El Señor no ha hecho nada por ninguno de sus discípulos que no haría por ningún otro de sus discípulos. Él nunca ha hecho algo por alguno de sus discípulos que no haría por ti.

Jesús es el mismo de siempre, el mismo hacia los mansos, el mismo que siempre ha sido. Y cuando la persona que es mansa viene a Él, nunca la rechazará. La actitud del Señor hacia los mansos es exactamente la misma que siempre ha sido. Y su actitud hacia los que lloran («Bienaventurados los que lloran, porque ellos recibirán consolación» [Mt. 5:4]) es la misma hoy día que cuando pronunció esas palabras en la ladera galilea. Su actitud hacia los penitentes nunca ha cambiado. El Señor nunca preguntó cuán profundo era el pecado de ellos. Solamente preguntó si el pecador era sincero y si estaba arrepentido. Si se lamentaba por sus pecados, deseaba seguir al Señor, se arrepentía y se apartaba de ellos, el Señor actuaba como si el pecador nunca hubiera cometido ninguna falta.

**Todo se reduce a esto: lo único que necesitas es a Jesucristo, el Hijo de Dios.**

Jesús es el mismo hoy día hacia la persona de corazón sincero. Siempre es el mismo hacia quienes lo aman. Nuestro Señor Jesucristo no nos necesita. Nuestro Dios no nos necesita. Él es autosuficiente. Ese es uno de sus atributos. Él no nos necesita. Antes que tú y yo solo fuéramos pensamientos vagos en la mente de un Dios planificador antes que el mundo fuera, Él era Dios, y alrededor del trono se reunían serafines, querubines, ángeles, arcángeles, principados y potestades, quienes batían sus alas y cantaban: «Santo, santo, santo es el Señor Dios Todopoderoso» (Ap. 4:8). ¿Qué necesita Él de ti, con el aliento de vida que hay en tu nariz?

Así que, el Señor siempre es el mismo hacia quienes lo aman. Juan apoyó el oído contra el corazón palpitante del Hijo de Dios y al Señor le agradó. Juan fue llamado el discípulo a quien Jesús amó. No es que el Señor no amara a los demás, pero no podía amarlos igual que a Juan porque ellos no le correspondían de igual manera. Tú y yo descubriremos que Él sigue siendo el mismo. Descubriremos que es el mismo hacia aquellos que buscan su compañía, hacia quienes lo buscan y anhelan estar con Jesús. Él quiere a aquellos que se ocupan del amor de la Divinidad y buscan su compañía.

Jesús es el mismo para con los ignorantes y los atribulados. Muchos en estos días son ignorantes y están atribulados, y muy a menudo buscan la ayuda de consejeros mundanos. No obstante, puedo aconsejarte a quién ir para encontrar a Aquel que te comprende y sabe todo sobre ti. Él no lo aprendió de Freud. No se lo enseñó Jung, ni ninguno de los psicólogos. Él sabía todo respecto a ti antes que nacieras. Y Él es el mismo ayer, hoy y por los siglos. Así que, si llegas a Él sabiendo algo, encontrarás un recibimiento muy frío. Pero si llegas a Él admitiendo que no sabes nada, encontrarás al más tierno Maestro del mundo. Si llegas contrito delante de Él, comprobarás que Él es Aquel que ayuda al corazón contrito. Entonces encontrarás a Jesucristo.

Como resumen de este estudio, todo se reduce a esto: lo único que necesitas es a Jesucristo, el Hijo de Dios. Él es Dios y hombre. Él es Dios y es hombre. Es todo lo que un pecador culpable necesita y todo lo que el santo más sublime puede esperar. No puedes trascender más que Él. No existe tal cosa como que Él te enseñe todo lo que pueda enseñarte. No, no sucederá así, Él será tu maestro mientras el mundo permanezca, porque Él es infinito y es Dios. Nunca sabrás lo suficiente como para esperar que alguna vez podrías graduarte. El Señor no da diplomas. Estoy muy feliz por eso. Él nunca concede títulos, y luego expresa: «Por cuanto hiciste esto y aquello... te confiero el título de...». Él nunca hará algo así.

El apóstol Pablo no obtuvo su título, ya que manifestó: «No que lo haya alcanzado ya». Pablo estaba en la universidad de la vida estudiando con el Señor Jesucristo, sin tener justicia propia, prosiguiendo a la meta. Su tesis no fue el estudio de la torre de marfil, sacándola de un libro y tomando notas. Fue con lágrimas, dolor, sufrimiento, rechazo, persecución, tribulación, pruebas y aflicciones. Pasó por todo eso y, sin embargo, declaró: «Prosigo, por ver si logro asir aquello para lo cual fui también asido».

> **Mira ahora hacia delante y deja todo atrás. No pienses en el pasado.**

Podrías cuestionar que Pablo sí obtuvo su título porque afirmó que había terminado la carrera. Cuando llegó el momento, pudo declarar: «He peleado la buena batalla, he acabado la carrera, he guardado la fe» (2 Ti. 4:7). Entonces el Señor permitió que Pablo inclinara su amado cuello y que la espada romana silbara y le pusiera fin a esa poderosa vida que conocemos como el apóstol Pablo. Sin embargo, ¿acabó esto con su vida? No, porque él expresó: «Estoy seguro que [Dios] es poderoso para guardar mi depósito» (2 Ti. 1:12), y ese depósito era esa misma vida. Se podría decir que Pablo estaba a la mano izquierda de Jesús, y que al silbar la espada pasó a la diestra de Jesús; pero algo es seguro: nunca salió de las manos de Jesús.

Solo puedo decir junto con Juan: «He aquí el Cordero de Dios» (Jn. 1:36). Ten plena fe en Él. Mira ahora hacia delante y deja todo atrás. No pienses en el pasado. No tropieces con las personas, con los predicadores, con los maestros, con tu propia ignorancia, con tus faltas. No permitas que te elogien hasta la muerte ni que te culpen hasta la muerte. Recuerda que al hombre más santo que alguna vez caminó por las calles de Jerusalén en cierta ocasión lo llamaron diablo. Recuerda eso.

No permitas que te culpen y te detengan. Solo prosigue. Descubrirás que Él es el mismo Jesús que era cuando se fue. Ven a Él en busca de una luz más clara. Él es el mismo Jesús que era cuando les dio vista a los ciegos. Es el mismo Jesús. Lo único que necesitas es más de Jesús y puedes tener más de Él. Puedes tener experiencias con Jesús que te transformarán con intensidad, alcance y poder, si tan solo crees que esto es posible.

## ORACIÓN

Oh, Salvador nuestro, al finalizar este estudio no estamos poniéndole fin a nuestra sed, a nuestra determinación, a nuestro propósito, sino que seguimos adelante. Tenemos a la vista la cima de la colina. Sabemos que sin ninguna justicia propia, sino teniendo solo esa justicia que viene de Dios, avanzamos por fe hacia el premio. Te damos gracias, Señor Dios, porque nos esperan experiencias de poder, liberación y emancipación. Nos espera una salida de Egipto, un cruce del Jordán para luego subir y entrar en la Tierra Santa, la expulsión de los habitantes y la toma del poder. Todo esto se encuentra delante de nosotros. Oramos para que pongas un propósito apacible pero firme dentro de nuestros corazones que nos lleve a buscar tu rostro, decididos a servirte, cueste lo que cueste.

Te rogamos, Señor Jesús nuestro, que pongas las herramientas adecuadas en las manos de los sedientos de corazón, para dirigirlos en la dirección correcta y para que vean que tu luz ilumina tu Palabra. Que la verdad pueda verse. Sálvanos, te suplicamos, de la tradición de los ancianos. Y que, con un estallido de imaginación espiritual, aspiración y anhelo, demos un salto adelante, aunque la

Iglesia se enfríe más y más, y la religión se aleje cada vez más de las normas del Nuevo Testamento. Que a pesar de esto podamos poner nuestros corazones como un pedernal, decididos a ser como Lot en Sodoma, como Daniel en Babilonia y como los santos en la casa del César. Vamos a ser como todos ellos han tenido que ser, pues así viviremos por encima de nuestro entorno, sobre todo por encima de nuestro entorno religioso. Tomaremos allí nuestra posición en lo alto y reposaremos en ti. Padre misericordioso, concédenos esto, te lo suplicamos. Te pedimos esto en el nombre de Jesús nuestro Señor. Amén.

# FUENTES

*Una serie de sermones predicados por A. W. Tozer en Southside Alliance Church en Chicago, Illinois, entre enero y marzo de 1957. Transcritos de cintas originales de audio.*

**Capítulo 1:** «Considering Perfection in the Christian Life» [Consideremos la perfección en la vida cristiana], 13 de enero de 1957.

**Capítulo 2:** «Four Kinds of Christians» [Cuatro tipos de cristianos], 20 de enero de 1957.

**Capítulo 3:** «The Special Christian» [El cristiano especial], 27 de enero de 1957.

**Capítulo 4:** «Discovering the Loveliness of Jesus Christ» [Descubramos la hermosura de Jesucristo], 3 de febrero de 1957.

**Capítulo 5:** «Knowing Christ in His Fullness» [Conocimiento de la plenitud de Cristo], 10 de febrero de 1957.

**Capítulo 6:** «The Will of God and Its Relationship to Our Cross» [La voluntad de Dios y su relación con nuestra cruz], 17 de febrero de 1957.

**Capítulo 7:** «Seeking God and Finding Him» [Búsqueda y hallazgo de Dios], 24 de febrero de 1957.

**Capítulo 8:** «Clouds of Concealment» [Las nubes del no saber], 3 de marzo de 1957.

**Capítulo 9:** «The Obstacle of Self Trust» [El obstáculo de la confianza en uno mismo], 10 de marzo de 1957.

**Capítulo 10:** «That We May Know Him» [Que podamos conocer a Dios], 17 de marzo de 1957.

**Capítulo 11:** «The Church's Lack of Freedom» [Falta de libertad en la iglesia], 24 de marzo de 1957.

**Capítulo 12:** «Living in His Righteousness» [Vivamos en la justicia divina], 31 de marzo de 1957.